cerrando
ciclos
vitales

Una perspectiva sistémica y gestáltica del pasado

Cristina Stecca de Alvizúa

EDITORIAL
PAX MÉXICO

COORDINACIÓN EDITORIAL: Matilde Schoenfeld
PORTADA: Víctor M. Santos Gally

© 2004   Editorial Pax México, Librería Carlos Cesarman S.A.
Av. Cuauhtémoc 1430
Col. Santa Cruz Atoyac
México D.F. 03310
Teléfono: 5605 7677
Fax: 5605 7600
Correo electrónico: editorialpax@editorialpax.com
Página web: www.editorialpax.com

Primera reimpresión, 2005
ISBN 968-860-719-3
Reservados todos los derechos
Impreso en México / *Printed in Mexico*

Índice

Para quien me dio tanto
y merece ser reconocida,
amada y valorada....
mi Venezuela.

Agradecimientos

A mis ancestros, a mis padres, a mi familia, a mis hijos por existir.

A mi amado esposo, por su paciencia infinita, amor y apoyo continuo.

A mis amigos y pacientes por enseñarme tanto.

A Beatriz Viso, por ser ejemplo vivo de esperanza y amor.

A Carlos Fraga por animarme a expandir mis horizontes.

A quienes me hicieron algunos trechos de mi vida más dolorosos o difíciles, ya que con ello descubrí mis fortalezas y posibilidades ignoradas.

En especial, gracias a mi gran amiga y maestra, Beatriz Aristegui, por su desbordante generosidad, guía e impulso incansable para que este libro se concretara.

Prólogo

Quien está interesado en su propio viaje interior, en conocer las profundidades de su alma y asomarse a ver qué hay adentro, está justo en el proceso que lo conducirá al crecimiento, a la madurez, la individuación, como diría Jung, en fin, a la sabiduría y a la luz. Y en este camino, lleno de sorpresas, infinito, a veces oscuro y denso, tendrá que enfrentarse con la historia que lleva tras de sí.

A veces vivimos centrados en el pasado, que está lleno de buenas y de malas experiencias, de dolor, de frustración. Incapaces de desligarnos de relaciones y situaciones ya caducas, repetimos una y otra vez los mismos patrones de conducta, y no nos permitimos probar actitudes nuevas. Otras veces vivimos huyendo del pasado, enojados y temerosos por los fantasmas que arrastramos. Dejamos de ver, así, que podríamos reestablecer una nueva relación con nuestra experiencia pasada y recuperar lo valioso, lo que nos ha permitido crecer y madurar. En ambos casos, no tenemos una buena relación con nuestra historia, y por lo tanto, tampoco con lo que nos constituye. Por ello necesitamos retomar el bagaje que nos ha conformado y nos ha conducido hasta este lugar y este momento, hasta este instante que es punto de partida de lo que vendrá. Sólo así podremos hacer un "inventario" de nuestra vida y darle a ésta un nuevo sentido; lo que surja de ahí será inconmensurable, inagotable, lleno de posibilidades.

Nuestras experiencias tempranas nos determinan en gran medida. Aprendemos muy pronto a actuar de determinadas maneras para sobrevivir, hacernos de un lugar en el mundo y sentirnos queridos. Durante un tiempo dichas actitudes funcionan, pero después ya no. A pesar de ello, seguimos actuando así, en vez de renovar nuestra relación con el mundo. Esta renovación requiere de coraje, de creatividad, de lucidez, de mucha energía que dará buenos frutos.

En este valioso libro, Cristina nos ofrece precisamente recursos para ver y afrontar nuestra vida de una manera distinta, para aceptarnos y querernos, y utilizar las inmensas herramientas que ya poseemos en el repertorio que es nuestra historia. Con una sabiduría lúcida y sencilla, sin pretensiones, nos recuerda la importancia de aprender a dejar vivir y dejar morir, de soltar, de cerrar lo que ya no nos aporta nada, justo para que otra cosa pueda nacer. Este ejercicio de llevar a nuestra historia los ritmos de la vida nos permite recuperar aspectos positivos que hemos heredado de personas significativas, de ver el poder invaluable de experiencias dolorosas y de responsabilizarnos de nuestra vida.

Stecca relaciona dos aprendizajes fundamentales que ayudan a las personas a crecer y a tomar conciencia de su propia vida: el primero se refiere a capitalizar el pasado, la propia historia, para recuperar lo valioso de cada experiencia, de cada relación o situación, y el segundo se refiere a cerrar ciclos, temporal o permanentemente, con personas, situaciones o aspectos de nosotros. Capitalizar el pasado, reinterpretar hechos, personajes y situaciones, implica y permite a la vez cerrar ciclos. De esa manera, aprenderemos a no dejar asuntos pendientes, inconclusos, que nos generen, como bien dice la autora, culpa, resentimiento y confusión. En fin, la meta es aprender a reinventar nuestra historia, rescribirla, para dejar atrás miedos, frustraciones y dolor que han sido resultado de aquella primera invención que hay que superar.

El lector tiene en sus manos un libro que es producto de una enorme experiencia terapéutica y de vida; que a pesar de su sencillez contiene mucha información seria, compleja, que habla de la excelente formación de su autora. Además, es un libro lleno de esperanza, que lo guiará con ideas y ejercicios a la aventura de recuperar el tesoro que hay dentro de sí, de aprender a mirarse con dignidad y amor, en fin, con compasión, y de ser, finalmente, capaz de iniciar cambios fundamentales en su vida.

MARÍA ELENA FIGUEROA DÍAZ

Introducción

Siempre gozarás de libertad para cambiar de idea
y elegir otro futuro u otro pasado.

RICHARD BACH

Nuestra historia personal es como un libro que puede ser interpretado de muchas maneras; incluso al releerlo, podemos descubrir nuevos aspectos, detalles y significados no considerados en su momento. Lo importante es que al leer nuestra historia, podamos sentirnos conciliados y dignos, pues es nuestra, propia, única experiencia, que podemos capitalizar y convertir en un mejor presente y futuro. Y esto sólo será posible si revisamos las páginas del libro para modificar y mejorar continuamente nuestra obra. No se trata de borrar párrafos, ni de cambiar los hechos o inventarse situaciones que nunca existieron, sino de convertir cada frase, cada oración y cada párrafo y capítulo en algo digno de ser leído, en un material de inspiración y de impulso.

La historia realmente no existe, sino que la inventa el hombre, por ejemplo: no es lo mismo leer acerca del descubrimiento y la conquista de América desde la perspectiva de quienes fueron descubiertos y conquistados, que desde la perspectiva de quienes vinieron a realizar dicha empresa. Estoy segura de que la perspectiva de un paciente que ha tenido la experiencia en un quirófano es totalmente distinta de la que vive el médico y del que espera por los resultados de la operación de un familiar.

A veces, cuando reúno a los miembros de una familia para la terapia, observo (todavía con mucho asombro) cómo cada quien tiene una versión diferente de los eventos o las personas que conforman a dicho grupo familiar. Entonces, es obvio que nuestra historia personal tiene más de una perspectiva de interpretación. De hecho, cuando aprendo a ver algunos pasajes de mi pasado desde diferentes enfoques, enriquezco mis conocimientos y descubro la belleza, la importancia y el sentido que tuvieron determinadas situaciones, las cuales, para el momento en que las viví, me resultaban agobiantes, aburridas o crueles.

La percepción de aquellas situaciones o aspectos que nos dejaron una amarga huella ha de ser cambiada para aprovechar ese material. Si nos negamos a mirar lo que dejamos a oscuras, nos condenaremos a caminar cada vez más ciegos. La culpa, el resentimiento, la frustración, el miedo y la depresión suelen ser el resultado de la interpretación de los hechos y las situaciones de una manera equivocada.

Reescribir, o sea, reinterpretar nuestro pasado trae como consecuencia el *cambio*, porque éste es el resultado de creconocer y re-conocer los hechos sin juzgarlos, a la vez que nos abre la puerta para responsabilizarnos de la experiencia que nos aportan. Desde ahí, podemos sentir que los pesados nudos del resentimiento y la culpa se deshacen.

Cuando evitamos recordar algunos pasajes de nuestra vida o aspectos de nuestra personalidad, nos limitamos de los frutos que dichos aspectos o momentos generaron. De la misma forma, cuando excluimos a alguien de nuestro sistema familiar, estamos generándonos problemas insospechados. Una vez que adquirimos el hábito de evitar el contacto con lo que percibimos como desagradable, vergonzoso o doloroso, seguiremos haciéndolo con la gente y otros elementos de la vida, y nos quedará un camino muy estrecho, un espacio bastante limitado para crecer y evolucionar.

Imagine el lector por un momento que es un técnico de máquinas embotelladoras que ha recibido una llamada. La Embotelladora de Refrescos Ricos está preocupada porque de cada 10 botellas, una sale fracturada, de modo que el lector es responsable de reparar la falla... ¿qué es lo primero que hará? Si usted contestó que lo primero es arreglar el desperfecto, le diré que tardará mucho y seguramente ocasionará más gastos de los necesarios.

Lo primero que debemos que hacer para resolver un problema es *observar* cómo ocurre el proceso, paso por paso, pieza por pieza hasta ver el funcionamiento sistémico del conjunto de partes del circuito. Se trata de reconocer, sin juzgar, lo que es y cómo sucede. De esa forma podremos discriminar lo que funciona y lo que no funciona, cómo se relacionan las diferentes funciones y dónde aplicar el ajuste.

En su libro *Stop Blaming, Start Loving*, Bill y Pat O'Hanlon señalan lo siguiente:

a. Las historias son nuestra interpretación y explicación de nuestra experiencia.

b. Las historias no son correctas ni equivocadas.

c. Nuestras historias reflejan no la verdad, sino nuestra percepción de nuestra verdad personal.

d. Con las historias conflictivas, las relaciones pierden, sin importar quién gane.

En su destacada exposición, el matrimonio O'Hanlon indica que las *historias conflictivas* son aquellas que nos limitan de seguir adelante con las relaciones, las metas o los sueños (incluso con la relación con el yo de la persona). Por lo general, estas historias están cargadas de:

• Culpa y/o resentimiento.
• Invalidación.
• Saboteo de posibilidades para el cambio.

Tales cargas nos estancan y nos frustran, imposibilitando una visión trascendente de la experiencia, e impidiendo tener un sentido y un contacto con los recursos y las estrategias que podrían llevarnos a disfrutar a mejores escenarios de vida. En este caso, nuestra historia es nuestro pasado y también la manera como percibimos, juzgamos, elaboramos o "escribimos" nuestra vida. De acuerdo con el modo de hacerlo, ese pasado determinará nuestro presente y futuro.

Podemos reescribir nuestra historia en un proceso amoroso, compasivo, valiente y responsable para convertirla en una obra digna de admirar, a la que siempre podemos recurrir y mejorar. Por tanto, *una historia bien escrita nos sirve para impulsarnos, confortarnos, consolarnos, alimentarnos y transformarnos.*

Un hecho o un evento no tendrá significado si no es interpretado; así, la persona que interpreta es quien le da significado y sentido. Igualmente, nuestra historia está llena de hechos, eventos y personajes que no pueden ser cambiados, pero sí reinterpretados de forma constructiva, sana, responsable y productiva. Esto es conocido como *capitalizar la experiencia,* lo cual hace posible que dejemos de rumiar, evitar o condenar lo vivido: es *cerrar ciclos.*

Cerrar es concluir los diferentes capítulos de nuestra experiencia con referencias mejores y fortalecedoras que nos permitan mejorar los temas de nuestra vida. Recuerdo el caso de Arturo ,un joven inteligente, bello y agradable. Llegó a consulta porque sentía que su vida era un vacío. De alguna manera, Arturo se las había arreglado para descartar todo lo que le pareciera amenazante o riesgoso. Al principio, de niño, aprendió a evitar a su padre, y luego a su madre; en la adolescencia evitaba las fiestas o reuniones sociales por miedo a ser objeto de burla; luego, en su juventud, a pesar de tener un trabajo como artista, no lograba hacer amigos, le costaba interactuar con sus compañeros y evitaba a las mujeres de su misma edad. Su historia estaba escrita con demasiadas descalificaciones sobre sí mismo y su conducta, así como con muchas exigencias imaginadas por los demás hacia su persona. Si pudiéramos comprarle el libro de su vida, seguramente encontraríamos demasiados borrones, tachaduras, recortes, capítulos de una línea y unas cuantas páginas cortas.

Para Arturo, fue necesario reescribir su historia. El primer paso consistió en observarse a sí mismo en la manera de comportarse, es decir, las conductas observables que lograban mantenerlo aislado del contacto con los demás. De esta observación, Arturo supo de manera concreta la conducta de "cómo se aislaba", es decir, "cómo arreglárselas para no contactar a los demás", lo cual lo ayudaba forma automática a protegerse del contacto y el que, paradójicamente, tanto deseaba.

El segundo paso fue descubrir sus estrategias y conductas asertivas, las cuales, aunque eran pocas o excepcionales, servían para acercarse a las personas y sentirse en confianza. Esto le servía para practicar dichas conductas cada vez más, mientras que las conductas erráticas eran cada vez menos frecuentes. Al mismo tiempo, Arturo revisó aquellos hechos de su niñez con otros ojos y dejó abierta la posibilidad de que su percepción solamente era un enfoque y que dichos eventos podrían percibirse de muchas otras y mejores formas. Asimismo, aprendió a ver las decisiones que él había tomado reiterativamente para aislarse y evadir los contactos. Algunas habían sido buenas para su bienestar y otras inoperantes para satisfacer su necesidad de relacionarse con los demás. De esta manera, se dio cuenta de que podía tomar diferentes decisiones y adaptarlas a cada situación. El libro Un curso de milagros, plantea en una frase simple que "siempre podemos volver a elegir".

Arturo, aprendió que la percepción siempre conlleva imaginación e interpretación y, por tanto, es una distorsión. Eso lo liberaba de creer que tenía la verdad absoluta. Por ende, conforme Arturo revisaba y flexibilizaba la interpretación de su historia, descubría tesoros y claves ocultos en el dolor, la vergüenza, el juicio, el resentimiento y la culpa.

En esa medida, el joven fue recuperando sus espacios, sus recursos, su verdad, su ser y su vida. Todo ello le permitía abrir los horizontes, los escenarios y las opciones, así como desarrollar la responsabilidad y el poder interno que había abandonado. Ya no buscaba resultados, sino mejoras en un proceso gradual y dinámico de fortalecer sus conductas y actitudes de contactos sociales e íntimos.

Son varios los elementos que intervienen y que ocasionan el estancamiento y repetición de pautas indeseables. La lógica y el recuerdo no siempre nos sirven para desatascarnos y liberarnos. Sin embargo, darnos cuenta de algunos eventos familiares o propios del sistema familiar, nos puede ayudar a concientizarnos y responsabilizarnos de nuestro destino.

Bert Hellinger, el creador del abordaje terapéutico conocido como Constelaciones Familiares, señala algunos de estos eventos importantes, los cuales suelen estar relacionados con traumas, pérdidas, accidentes, abortos, abandonos, exclusiones, adulterios, sustitución de roles, acciones compensatorias, falta de reconocimiento, guerra, ajustes de cuentas, drogadicción, alcoholismo, alteración en la jerarquía u orden de las personas en su sistema, asesinatos, invasión o robo de tierras, sacrificios, muertes prematuras, fortunas malhabidas.

Dichos eventos familiares pueden haberse dado en ancestros remotos. En tal caso, seguramente no tendremos acceso a saber qué sucedió con quién, pero se evidencian cuando nos encontramos haciendo "cosas locas", sin sentido, y a pesar de no desearlo, seguimos pegados a la pauta.

Como ejemplo, el caso de Maura:. Joven, proactiva y soltera, terminaba siendo "abandonada" por sus parejas sin saber en qué momento la relación estaba siendo sostenida por su esfuerzo y fantasía. Su frase repetitiva, luego de las dramáticas rupturas afectivas, era "dime cuándo te fuiste y me dejaste de querer". En una sesión terapéutica, le pedí que repitiera esa frase una y otra vez con los ojos cerrados y que observara sus emociones. Al instante comenzó a llorar y gritaba "mamá, dime cuándo te fuiste y me dejaste de querer". La madre de Maura la había abandonado a los tres años de edad.

Cuando los eventos importantes de nuestra vida, por mucho que nos esforcemos, se ven obstaculizados, frustrados o interrumpidos, seguramente estaremos hipnóticamente atrapados en lo no resuelto del pasado y de nuestros antepasados.

Igualmente, muchas veces nos estamos relacionando y actuamos desde otros personajes y tiempos con otras personas. Así como el padre maltratador lastima a su hijo y no se da cuenta de que está tomando "hipnóticamente" el rol, de la forma en que su propio padre lo había hecho con él.

Pero, ¿qué es eso que nos impulsa a repetir pautas, a bloquearnos o estancarnos, a pesar de nuestro deseo de fluir hacia mejores escenarios de vida?.

Definitivamente, y de acuerdo con Hellinger, eso que nos aferra se llama amor a la vida, y, por lo tanto, a quienes me dieron la posibilidad de la vida: mis padres, los padres de mis padres, etcétera. Se trata de una lealtad profunda e inconsciente, de una necesidad de pertenencia y arraigo, inherentes a todo ser humano.

Más allá de si lo que hago está bien o mal, mi "niño interno" necesita ocupar el lugar y desarrollar la actitud y las acciones que el sistema necesita para equilibrarse. Se trata de un mandato "hipnótico" para mantener la dinámica familiar a costa de todo, con tal que el sistema siga perteneciéndole y pertenecer al sistema, pues hacerlo diferente podría poner en riesgo los vínculos creados y el balance requerido.

Sin embargo, una vez concientizada la conducta inadecuada (pero leal), y una vez garantizado el vínculo y el afecto, podemos responsabilizarnos y elegir hacerlo diferente.

Desde este abordaje, cerrar un ciclo significa comprender que cada quien hace lo mejor que puede en función de sus lealtades inconscientes, de su gran amor y necesidad de pertenencia, en la dinámica interpersonal y familiar a la que pertenece.

capítulo 1

Cómo capitalizar este libro

La diferencia esencial entre un hombre común y un guerrero es que éste toma todo como un desafío, mientras que aquél toma todo como una bendición o una maldición.

DON JUAN

Este libro está dirigido a guerreros, es decir, a aquellos individuos que aceptan el desafío de la vida, las posibilidades, los caminos y las opciones, aquellos que no se conforman con su rol pasivo de observadores. Además, es un texto no sólo es para ser leído, sino también para ser trabajado como instrumento de autotransformación, así como para asumir el poder, propios de la libertad de elección, la responsabilidad y el sentido de la vida. Es para aquellos que ven el tiempo como un continuo que puede ser modificado alquímicamente, y el presente como instrumento de cambio.

Las cosas no son buenas ni malas o, como diría don Juan, como una bendición o una maldición. Está en el ser humano retomar su poder personal, su vara mágica y cambiar los significados que no sirven, por otros que abran puertas y posibilidades. Está en el guerrero no conformarse con significados de derrota, error, fracaso, dificultad o imposibles, asignados a las experiencias.

El pasado no se olvida, ni se borra, ni se deja atrás, sino que es el tesoro siempre abierto a ser descubierto y transformado para servirnos en nuestro avance hacia mejores futuros; además, nos sirve para refugiarnos, alimentarnos, fortalecernos, descansar, enriquecernos y apuntalarnos en el destino que tenemos.

En algunos de los capítulos o secciones del libro aparecen ejercicios y reflexiones para facilitar el rescate de la historia personal, el aprovechamiento de las experiencias y el cierre de ciclo que el lector desee tener. En la medida en que lea cada capítulo, el lector podrá realizar los ejercicios que se le indican (recomendamos llevar un cuaderno al que le incluya y/o mueva las hojas). Por supuesto, para obtener un mejor resultado, es importante lo que sigue:

a. Elegir un solo tema o situación (al trabajar en lo simple, la mente sabrá trasladar los pasos de capitalización del pasado a otras situaciones más complejas).

b. Ser lo más preciso(a) posible: describir las conductas como si las relatáramos a un niño.

c. Trabajar con metas realizables, factibles y sencillas, porque una forma de fracasar reside en plantearnos lo imposible, difícil, inalcanzable e impreciso.

d. Recordar que la vara mágica no sirve si no la agitamos. Quedarnos en el rol pasivo de leer y no realizar las actividades es caer en la fantasía de que el libro hará lo conducente por uno (como leer un manual acerca de cómo montar una bicicleta y pretender que ya paseamos en ella).

A modo de guía puede servir la lista siguiente, en la que el lector encontrará el tema que decide cerrar:

- Las relaciones afectivas (familia, pareja, amigos, etc.)
- La prosperidad económica
- La salud
- El trabajo
- La manera de expresar la rabia, el miedo, el dolor, etcétera.
- La soledad, el aislamiento y la evitación social.
- El estrés, la angustia y los miedos catastróficos.
- El apego, la adicción afectiva y la melancolía.
- La culpa, el resentimiento, el reproche, y la recriminación.

Qué es un ciclo de experiencia

Si la humanidad entera desapareciera con excepción de un niño mediocre inteligencia que no hubiera disfrutado de la menor instrucción, este niño sólo descubriría el proceso total de las cosas y volvería a haber dioses, demonios, paraíso, mandamientos, prohibiciones, el Antiguo Testamento y el Nuevo, todo lo cual podría reproducirse de nuevo.

HERMAN HESSE, *Demián*

Si asumimos que un ciclo es una secuencia de pautas o conductas que conllevan un inicio, un desarrollo y un final, pensaremos que todo en la naturaleza es cíclico: las estaciones climáticas, la flora, los animales, las relaciones interpersonales, la guerra, la paz, los países, la política...

Todo tiene un comienzo, un tiempo de desarrollo o estabilidad y una decadencia; así, una pareja comienza con una presentación en aumento, es decir, de cómo soy y cómo eres lo que nos gusta, lo que nos asemeja y lo que nos diferencia. Esta presentación, cada vez más elaborada e íntima, lleva a la pareja a generar una relación cohesionada (el "nosotros"), llamada *fase de desarrollo*, es decir, una relación importante para sentirse una unidad diferenciada del resto del mundo, con ritmos, acuerdos, excepciones, normas y expectativas compartidas que permiten el funcionamiento de la pareja hacia la satisfacción de sus necesidades y la realización de sus metas comunes y particulares.

En el caso de una persona que comienza a trabajar en una empresa, el periodo de introducción y adaptación de ambas partes hará que cada una sepa qué puede esperar de la otra, qué puede dar, la forma de interactuar, etcétera, hasta que la persona y la empresa se sientan tan identificados e integrados, pertenecientes una a la otra y encontrar una manera cómoda de funcionar hacia objetivos comunes y particulares. Ésta es la fase de desarrollo.

Tanto la pareja como la empresa (ambas del área relacional) tendrán un momento de decadencia o vencimiento, en el que las estrategias, metas o necesidades ya no serán compartidas ni satisfechas, lo cual es debido a que todo cambia. Lo que antes servía hoy ya no tiene vigencia; algo se modificó, ya sea en el contexto físico, en las condiciones emocionales, en las expectativas o en la experiencia.

En ese orden de ideas, fases de la Luna, las mareas, los árboles, los peces, la economía... todo tiene un punto máximo de desarrollo para luego decaer. *Éste es el punto en que urge prepararse para un cierre de ciclo.* Sin embargo, no siempre estamos listos para el final ahí comienza el malestar.

Qué es un cierre de ciclo

> *Cuando te encuentres cabalgando un caballo*
> *muerto, es hora de que te bajes de él.*
>
> INDIOS DAKOTA

Cuando las personas perciben la decadencia de una relación interpersonal, ya sea ésta de pareja o la empresarial, la etapa de estudiantes, etcétera, sienten un malestar que puede ser desde una añoranza de los tiempos pasados hasta una furia incontrolable, porque las relaciones o la situación se les escapa de las manos. Algo ya no funciona como antes, las cosas no están bien, pensamos que el tiempo lo arreglará, que algo pasará para resolver la situación, nos sentimos decepcionados... Son las campanadas que anuncian que algo está muriendo... para dar paso a algo nuevo.

Mi amigo el doctor Jesús Miguel Martínez suele decir que en la relación de pareja no hay manera de evitar que alguien muera: ya en sea uno de los dos o la relación por sí misma. Entonces el periodo que va desde el comienzo de la decadencia o vencimiento de una situación o relación hasta que es declarado totalmente el fin de aquéllas es el tiempo de *individuación.* Esta etapa es caracterizada por un sentimiento paulatino de distancia, decepción, desorientación e insatisfacción en alguna de las áreas que componen dicha situación o relación. Las personas suelen recurrir a diferentes estrategias para sobrellevar esta muerte anunciada.

Para los estudiantes del último año del bachillerato o de la universidad, son tiempos de sentimientos encontrados que anuncian el adiós o final de su relación como estudiantes y la ansiedad del cambio, que anhelan y temen a la vez. A su vez, para las personas que han de mudarse o dejar la empresa o que han perdido un afecto, por muerte o desencuentro, también es tiempo de vencimiento y final.

La manera de cerrar nuestros ciclos tiene mucho que ver con la forma de aprender a hacerlo, con patrones heredados o modelados desde la infancia. Algunas personas precipitan el cierre para no sufrirlo. pero se les dificulta decir adiós, lo cual lo evaden, por ejemplo: no van al aeropuerto a despedirse, no se gradúan, no se casan o no se divorcian, ni van a entierros, ni hablan con las personas de las que se apartarán por alguna razón. Asimismo, otras personas simplemente evitan contactar con el cierre de las situaciones y relaciones. Antes de divorciarse ya tienen otra pareja, repiten situaciones relacionales una y otra vez, no consiguen el trabajo feliz, persisten en quedarse sin dinero y su modelo de fracaso se repite una y otra vez. Al respecto, cabe destacar lo siguiente:

- Irnos de la relación con las manos vacías nos deja un vacío que nos impide avanzar.

- Irnos sin convertir la experiencia y los recuerdos en tesoros para el presente y el futuro es como caminar con los pies hacia adelante y la cabeza hacia atrás.

- Seguramente caeremos en un hueco por no haberlo visto o no tendremos con qué seguir adelante.

Otras personas persisten en mantenerse en situaciones y relaciones a pesar de que cabalgan un caballo muerto, es decir, se resisten a la experiencia de la pérdida y de la necesidad de cambiar. Por tanto, suelen seguir aferrados a un estatus, un rol, una relación, un negocio, a pesar de que el costo es mucho más alto que los beneficios.

Finalmente, otras personas prefieren "botar el agua de la bañera, con bañera y bebé incluidos", es decir, no rescatan nada de la experiencia y la catalogan como una raya en negativo en sus vidas. Por ejemplo:

Recuerdo a Samanta, una excelente orientadora escolar a quien le ofrecieron la dirección de una pequeña escuela dedicada a la educación de niños y adolescentes con dificultades de aprendizaje. Durante su corta estadía en dicha escuela, Samanta se sorprendió de descubrir que el dueño de la institución era un ser muy ambicioso que no cumplía con su rol, a costa de la comunidad educativa: profesores, niños y representantes. Este hombre no había cumplido con los acuerdos con los que se había comprometido (hacer mejoras en las condiciones físicas de la escuela y del profesorado, etcétera).

Además, le tocó la amarga experiencia de enfrentarse a padres que no se interesaban en sus hijos y que los enviaban a la escuela porque no podían controlarlos. Igualmente, se encontró luchando con un profesorado demasiado conforme que no les permitía hacer bien su rol de docentes y lo suficientemente mediocre para no importarles cobrar sus cheques a fin de mes.

De repente se encontró en medio de una batalla perdida, ya que nadie se interesaba por el bien de los niños; sin embargo, intentó todo lo que pudo, pero a los tres meses su salud se vio muy afectada, por lo que se retiró.

Pocas personas allegadas se enteraron de esta experiencia laboral de Samanta, en razón de que ella la guardaba como un oscuro y vergonzoso recuerdo; es más, ni ella misma quería pensar en ello. Por tanto, siguió una sucesión de eventos relacionados con su desempeño laboral y los futuros socios que siempre la dejaban con el sabor del fracaso y la inadecuación. No fue sino mucho más tarde cuando llegó a la consulta dispuesta a descubrir qué hacía y cómo se las arreglaba para "salir siempre perdiendo" de las sociedades de trabajo.

Una vez que pudo rescatar los aciertos (conductas, estrategias y actitudes positivas que le generaban buenos resultados) e identificar los errores (conductas, estrategias y actitudes que le generaban resultados no deseados), Samantha se sintió lo suficientemente preparada y enriquecida para iniciar mejores sociedades y empresas. Hoy, después de siete años, así lo confirma.

Sin embargo, la verdad es que nadie dará un paso hacia nuevas tierras si no estima que está equipado convenientemente. Nadie avanza a nuevos horizontes si considera que ha de hacerlo con las manos vacías, o con una carga de números en rojo suficientemente pesada para pensar con claridad.

Recuerdo varios casos de personas muy deprimidas por haber perdido sus afectos, ya sea porque las personas murieron o porque las relaciones terminaron. En estos casos, me resulta muy conocido escuchar las frases desesperadas de:

- "Cómo voy a perder los 20 años de matrimonio".
- "Son cinco años perdidos en esa empresa".
- "Me quedé vacío...".
- "Perdí todo mi dinero... estoy en cero".

También es maravilloso el gesto de asombro que esas personas expresan cuando les decimos que "lo bailado nadie se los quitará", es decir, el pasado, las vivencias, los recuerdos permanecen ahí para ser utilizados. Nadie se los puede robar, ni pueden renunciar a ellos, ni invalidarlos... así que lo mejor es que los atesoren, pues tales recuerdos o historia pueden ser revividos, reeditados y capitalizados para su provecho. En ese pasado reside la clave para el fracaso y el éxito, para la felicidad y la infelicidad, para la soledad y la plenitud, para ganar o perder. Si les damos la espalda, tendremos que vivir con miedo, desconfianza y desesperanza.

El fracaso de una relación no es otra cosa que no querer reconocer su final e insistir en seguir con el mismo vínculo. Podría compararse con permanecer obstinadamente esperando frutos de un árbol muerto y perder la posibilidad de sembrar otros. Si los capitalizamos, serán nuestras armas, nuestros guardianes, nuestros consejeros para abrirnos a un futuro, si no igual de satisfactorio, por lo menos mucho mejor.

Por lo anterior, *cerrar un ciclo* significa detenerse, evaluar, reconocer la influencia del pasado, identificar los patrones y las tendencias que no nos sirven, rescatar los que sirven, y cambiar la perspectiva de nosotros y de los demás, de los hechos y de las situaciones. *Esta observación o este reescribir de la historia y de las experiencias sólo resultara si lo hacemos de la mano de la* compasión *por nosotros.*

No se trata de sentir lástima, ni de justificar o tergiversar los hechos, ni de disculparnos y repetir lo mismo, ni de buscar culpables, de resignarse y seguir como si nada hubiera sucedido. *Todo lo contrario: se trata de mirarnos con dignidad y amor.*

En ese orden de ideas, podría imaginar a un médico que reaccionara con asco ante una herida y que dijera a su paciente: "¡oh, no, déjeme cerrar esto para no ver la herida tan horrible!", o a un psicoterapeuta que se escandalizara ante un relato de su paciente, o a un bombero que sonriera ante un incendio grave y que dijera al afectado: "no se preocupe... seguramente Dios le dará una casa nueva".

Mirarnos con dignidad y amor es permitirnos observarnos desde otra perspectiva que nos facilite diferenciar las conductas y estrategias asertivas, de las que nos llevan a las zonas de malestar, frustración y error. Se trata de realizar una *investigación* acerca de nosotros y apoyarnos con paciencia y determinación en los aprendizajes que nos harán más fácil la tarea de vivir plenamente.

Es muy diferente la forma de aprender a escribir con una maestra regañona y malhumorada, que castigue y resalte nuestros errores, del modo de aprender con una maestra amorosa, comprometida y consistente, que nos ayude a destacar nuestras virtudes. *Cerrar un ciclo puede significar abrir nuestro libro de vida en busca de fortalezas, estrategias, posibilidades y tendencias con un maestro amoroso al lado de nosotros.* Seguramente, su compasión (léase amor, comprensión y consistencia) nos ayudará de modo mucho más fácil y feliz a convertirnos en maestros en el arte de reeditar nuestra historia.

Finalmente, cerrar un ciclo significa recuperar nuestros aspectos oscuros o excluidos (características personales o familiares no deseados, experiencias vergonzosas, entre otros) y abrazarlos reconociendo que cada uno tiene una función en la búsqueda del amor, a pesar de ser inadecuados o inútiles.

Qué significa capitalizar un ciclo de experiencia

Un fracasado es un hombre que ha cometido un error,
pero que no es capaz de convertirlo en experiencia.

HUBBARD

Capitalizar significa aumentar los bienes, los activos y los recursos (humanos, psicológicos, materiales, afectivos) de los que disponemos, e implica ganancia multiplicación de recursos, bienes o beneficios. Al referirnos a *capitalizar el pasado*, entendemos la acción de multiplicar los beneficios obtenidos con las experiencias. Se trata de hacernos más ricos y aprovechar todos nuestros recursos cada vez mejor para nuestro bien y el de aquellos que decidan disfrutarlo conjuntamente con nosotros.

Todas nuestras memorias, valores, virtudes, errores, debilidades, defectos, aciertos, estrategias, ancestros y sus estrategias y características son recursos. Pero capitalizar el pasado puede ser aún más motivador que tener dinero en un banco común.

Imagine el lector qué hubiera pasado si los personajes siguientes, en el pasado, no hubieran capitalizado sus experiencias y si se hubieran quedado con una historia de fracasos:

a. Sócrates fue calificado en su juventud como un *corruptor de jóvenes e inmoral.*

b. El profesor de Ludwig von Beethoven consideraba a éste un mal compositor y ejecutante y pronosticó que no tendría ningún futuro como músico.

c. Charles Darwin, creador de la teoría de la evolución, abandonó su carrera de médico y su padre le reclamó indignado que lo único que a su hijo le interesaba era perseguir perros y ratas.

d. Walt Disney fue despedido de un diario por falta de imaginación y antes de crear Disneylandia, quebró en varios negocios.

e. Winston Churchill, quien llegó a ser primer ministro inglés a los 62 años, no aprobó el sexto grado, fue un estudiante mediocre y fue derrotado infinidad de veces antes de lograr tan alto cargo y desempeñar un papel importante y decisivo durante la segunda Guerra Mundial.

f. Los maestros de Einstein lo consideraron mentalmente lento, siempre encerrado en sueños tontos e insociable; además, o empezó a leer luego de los siete años y fue expulsado de la Escuela Politécnica de Zurich.

El pasado es un banco muy especial: cada vez que retiramos o depositamos algo a nuestra cuenta, nuestros intereses se multiplican generosamente. Ojo: no importa si sacamos o ingresamos, el capital del pasado se multiplica cada vez que es visitado.

Quizá las pérdidas sean irrecuperables y las experiencias dolorosas e insoportables; sin embargo, aprender a vivirlas con humildad y dignidad es lo más valioso, fortalecedor y trascendente para nuestras vidas.

Cerrar un ciclo sólo será posible si capitalizamos las cicatrices y las utilizamos como hermosos hilos para tejer la compleja trama de nuestra existencia.

De eso se trata este libro.

capítulo 2

Qué necesito cerrar

Lo que hago, por quién lo hago...
para quién lo hago...
para qué lo hago...
Lo que siento, a quién le pertenece...
A quién quiero reivindicar, condenar, liberar...
A quién estoy representando...
A quién estoy sustituyendo...

Quizá en el proceso de repetir la misma situación indeseable o con resultados poco satisfactorios nos demos cuenta de que vivimos apegados a una relación que se ha vuelto tóxica o dolorosa, o tal vez no logremos recuperarnos de una pérdida afectiva o económica, o que, a pesar de nuestra voluntad, sigamos experimentando los mismos pensamientos o pautas de conducta.

Muchas veces, cuando necesitamos dejar de repetir ciertas pautas de vida y comenzar a tomar decisiones más sabias o asertivas, interesante revisar los detalles que influyen de manera contraria a la que deseamos.

Por ejemplo, muchas mujeres suelen dejar que las decisiones importantes las tomen los otros, ya sean los padres, novios, hermanos mayores, guías espirituales. En este sentido, no habría objeción a que dichas decisiones hubieran sido consideradas de tal forma, a menos que con el tiempo la mujer experimentara sensaciones de fracaso, decepción, frustración o impotencia. Tal es el caso de las mujeres que lo sacrificaron todo para criar a sus hijos y que, una vez criados, experimenten una sensación de vacío y sin sentido.

También ocurre que, por haberse dejado convencer o influir, postergaron y subestimaron repetidamente sus sueños. A la larga, haber renunciado al timón de su barco las hace sentirse desorientadas y amargadas. Por ejemplo:

Esmeralda, una simpática maestra de 50 años, acudió a la consulta con intensos sentimientos de fracaso y expresó que no tenía fuerzas para seguir trabajando ni haciendo nada, ya que todo implicaba un esfuerzo y un sacrificio titánico. El solo hecho de levantar de la cama al despertarse, era acompañado de una fuerte sensación de peso y cansancio.

Le pregunté sobre los diferentes aspectos de su vida, como pareja, hijos, salud, amigos, familia, economía, etcétera, y todo parecía ser satisfactorio.

Sin embargo, en Esmeralda percibía a una mujer desesperanzada, casi como si estuviera preparándose para irse pronto de este mundo sin sentido.

Al sugerirle que construyera frases que comenzaran con la premisa "estoy cansada de...", Esmeralda dijo: "Estoy cansada de esperar que todos estén de acuerdo". Luego aclaró que no se trataba de que su familia estuviera en conflicto, sino que ella esperaba que su familia estuviera de acuerdo con ella, en su idea de irse a vivir a otro lugar en el que ella se sintiera mejor, pues la casa le resultaba demasiado grande para atenderla y decorarla como quería, así como ruidosa y costosa de mantener. Además, Esmeralda siempre soñó con vivir en otro país, con el cual sentía gran afinidad.

Durante años trató de convencerlos. Con el tiempo, las cosas se agravaron porque el país estaba en una fuerte depresión económica y la familia necesitaba dinero. No obstante, Esmeralda, pasó años animando a su familia para que aceptara la idea de vender la casa y mudarse, si no al país que ella deseaba, sí a una zona más tranquila y a una casa más ajustada a sus necesidades.

Un día, llena de rabia, explotó y culpó a todos de los problemas económicos que ella no podía resolver y de sentir que sus sueños se esfumaban en la medida que aumentaba en edad. Ahora, frente a mí estaba esa mujer que se definía como vieja, agotada y frustrada, cuando apenas unos meses antes era bien conocida por ser emprendedora, luchadora y proactiva.

En la medida en que Esmeralda me relataba su historia, caía en cuenta de que toda su vida había luchado por convencer a los demás para satisfacer sus necesidades, en vez de apoyarse a sí misma y tomar decisiones, a la vez que podía invitar a los demás a unirse a sus proyectos, sin limitarse a postergarlos en espera de la aprobación de su familia.

En el fondo, dicha mujer había aprendido que su necesidad de aprobación externa la había amparado de los posibles errores o consecuencias de sus decisiones. Con el tiempo, se daba cuenta de que la búsqueda de aprobación y el temor al error la había paralizado en la consecución de sus sueños y de que, al no tener más entusiasmo ni ganas de seguir convenciendo a los demás, renunciaba una vez más a sus sueños.

En medio de su ejercicio terapéutico, Esmeralda se dio cuenta de que su esfuerzo continuo estaba dirigido, no conscientemente, a complacer a su padre (quien había muerto cuando ella era adolescente), a realizar cosas para obtener su aprobación. No importaba cuánto le dijeran lo bien que lo estaba haciendo ni los logros alcanzados, pues a quien iba dirigido todo ese esfuerzo, su padre, ya no podía darle ninguna aprobación.

Dar nombre a la situación displacentera

¿Para qué preocuparse?;
si algo tiene solución, no hay de qué preocuparse,
y si no la tiene... ¿para qué preocuparse?

PROVERBIO CHINO

Cuando la autora estudiaba en la escuela (no sabemos si al lector también le ocurrió) solía tener como tarea "problemas de matemáticas". Al respecto, es oportuno señalar:

Hércules no había logrado sus proezas si, en vez de asignársele 12 tareas o desafíos, se le hubiesen asignado 12 problemas.

Cuando a las personas se les pregunta ¿cuál es su problema?, las respuestas que suelen dar aluden a una larga narración de situaciones y quejas; sin embargo, la definición del "problema" no queda expuesta claramente, lo cual constituye, por sí, un obstáculo a la hora de buscar soluciones.

Llamar *problemas* a los ejercicios prácticos de la matemática, la química y la física influyó tanto en mí que desarrollé una inmensa fobia a tales materias, pues yo había aprendido a identificar la palabra *problema* como *circunstancia adversa a la que no le encuentro solución.* Además, en casa, el vocablo implicaba caras largas, preocupación y disgustos.

A menos que el lector haya tenido una infancia maravillosa, con padres privilegiados en el manejo de diferentes situaciones de la vida, de seguro habrá aprendido y archivado la palabra *problema* como un *callejón sin salida* en el que intenta una y otra vez salir de él con las mismas estrategias, desesperación, depresión... y *voilá*: tenemos un problema.

En la universidad, lo primero que hice fue elegir todas las materias que tuvieran que ver con problemas numéricos para sacarme de encima esa espada de Damocles. Tuve la suerte de conocer a un par de profesores que me hicieron darme cuenta que tenía facilidad para los números. Con el tiempo, descubrí que su actitud y su lenguaje fueron determinantes en mi cambio de percepción hacia las matemáticas, las estadísticas y el cálculo.

Primero en vez de llamar problema a los ejercicios, se referían a ellos como *desafíos interesantes* a realizar para despejar un enigma y así lograr la *meta* deseada. Aquí el *problema* era llamado *desafío, reto* o *enigma.* La *solución* era la *meta*, el *cambio*, el resultado obtenido que satisfacía los requerimientos del desafío. De manera que si pregunto "cuál es el problema que le hizo acudir a esta consulta", hago que las personas se vinculen con algo tan enredado que ni siquiera puedan identificar de qué se trata. Así, prefiero preguntarles *cuál es el enigma, la meta, el desafío o el reto que tienen en sus vidas y que no han logrado satisfacer.* Por supuesto, la idea de mi planteamiento es empezar a movilizar el sistema de creencias y de pensamiento que ha mantenido a la persona en su zona de malestar, para que de ese modo sea más flexible y pueda mover sus pies hacia una zona de bienestar.

Sin embargo, indistintamente de *cómo* llamemos el problema, si lo hemos denominado: comunicación, soledad, miedo, trabajo, salud, etcétera, tampoco ayudará mucho a encontrar las soluciones del caso. Y es que la mejor manera de nombrar al problema o al callejón sin salida consiste en describir lo que ocurre y las consecuencias indeseadas. Al respecto, cabe señalar lo siguiente:

Luis, un paciente de unos 60 años, acudió a la terapia en busca de alivio para su soledad.

Al preguntarle sobre las conductas que realizaba a causa de su soledad, Luis describió una lista de situaciones y conductas observables que no sólo eran la consecuencia de la soledad, sino también la retroalimentaban:

"No me gusta ir a reuniones, me quedo en casa tumbado en mi sillón mirando la televisión sin ningún interés, me acuesto temprano y desconecto el teléfono".

Cuando le leí a Luis lo que había expresado, se quedó pensativo y me dijo:

"Creo que yo mismo me coloco en situación de soledad... qué extraño..."

Ejercicio

En este punto, es interesante que el lector describa la situación que desea modificar. Para ello, las preguntas siguientes pueden ayudarle:

- *¿Cuál es la conducta o situación que se repite, a pesar de sus esfuerzos por cambiarla?*

Cuando percibimos la necesidad de cambio, ya sea porque nos sintamos insatisfechos, o sufriendo o porque el entusiasmo y la esperanza nos llevan a desear nuevos escenarios de vida o de relación, las primeras preguntas han de ser:

- *¿Dónde estoy en este momento* (cuál es mi sentimiento, forma de vivir y reaccionar con esta experiencia)?
- *¿Cómo llegué hasta aquí* (qué pasos realicé, cómo lo hice, y qué fórmulas utilicé para llegar al punto en que me encuentro)?
- *¿Cuál es mi escenario actual* (quiénes están involucrados, qué hacen, cómo reaccionan, qué sirve, y qué no está como lo deseo o necesito)?
- *¿Qué me pasa y cómo ocurre* (qué no puedo hacer o dejar de hacer, cuáles son las secuencias o pautas conductuales y emocionales, limitaciones y posibilidades y a quiénes culpo o responsabilizo de mi situación)?
- *¿Qué haría si esta situación estuviera resuelta* (qué sería diferente, cómo sería mi contexto, cómo usaría mi tiempo, cuál sería mi emo-

ción y mis acciones y qué haría con la energía disponible y libre de este problema o situación indeseable)?

• *¿Qué deseo y cómo* (cuál es mi escenario ideal al detalle)?

Una vez que hayamos dado respuesta detallada a cada pregunta, seguramente tendremos la mitad del camino recorrido hacia la capitalización de nuestro pasado, porque en dichas respuestas está la clave de la solución.

Cuando la solución es el problema: esfuerzos que no sirven

Cuando tropezamos una y otra vez con
la misma piedra, caminamos en círculos
y con la mirada hacia atrás.
Si algo no está solucionado en el pasado,
nuestra atención seguirá en lo pendiente,
por lo que no puedo ocuparme del presente.

Cerrar un ciclo puede entenderse como dejar de repetir el *mismo* patrón de conducta para llegar siempre al mismo resultado no deseado. El pasado se convierte en un obstáculo cuando de alguna forma evitamos capitalizarlo: lo obviamos, lo subestimamos, lo ignoramos o lo odiamos. Entonces, estamos condenados a volver a pasar por el mismo camino, a repetir la misma lección, hasta que decidimos abrir los ojos, parar y *observar cómo lo hacemos.*

Para algunos, se trata de perder negocios, para otros recaer en relaciones tóxicas o dolorosas, y para otros más volver a obtener las mismas consecuencias. Sea lo que sea, si el interés en este libro o en este momento reside en tratar de poner fin a una situación repetitiva y desagradable o indeseable, es importante que el primer paso sea definir la *situación problema* o, mejor dicho, la situación repetitiva y te lleva al mismo resultado no deseado.

Si te encuentras en un callejón sin salida, no insistas en buscarla, sino lo mejor será que aprendas cómo sueles entrar para no volver a hacerlo.

Observemos las respuestas que nos damos cuando pensamos en las formas como hemos intentado solucionar o dejado de repetir situaciones indeseables. Aunque parecieran buenas fórmulas, no resultan porque simplemente no resultan. A veces, el problema no es el problema (o sea, el malestar ocasionado por la falta de dinero, de pareja, de salud, el exceso de trabajo o la mala comunicación familiar sino la frustración que nos producen los intentos de solución que no nos dan resultado.

Por muy acertadas que nos parezcan las estrategias de solución, si no dan resultado no lo darán; y sin embargo, insistimos en ponerlas en práctica una y otra vez. Por ejemplo, la madre de un adolescente insiste en regañar y amenazar a su hijo para que ordene el cuarto de dormir. A pesar de que lleva años haciendo lo mismo (regañar y amenazar), el hijo sigue dejando su habitación desordenada, y ella sigue sintiéndose frustrada. Por ello, cada vez grita más, insulta más y amenaza más... con el mismo resultado: el cuarto desordenado.

Seguramente, el lector identificará cuáles han sido sus intentos (frustrados) de solución: simplemente describa una por una todas las acciones que ha emprendido, todas las estrategias que ha desarrollado para mejorar o cambiar una situación no deseada y que, a pesar de ser muy buenas o parecer lógicas, no le dan resultado.

En caso de que el lector tenga sus tarjetas de crédito al tope y se sienta mal porque no puede bajar el monto de la deuda, es oportuno el ejemplo siguiente: Aurora solía quejarse de que no lograba bajar la cuenta de sus tarjetas, pues era una compradora compulsiva (como ella se definió). Entonces lo primero que hizo fue cambiar su percepción o planteamiento del problema ("tengo deudas porque soy una compradora compulsiva") por lo siguiente:

a. *La descripción* de la situación no deseada ("seguir endeudándome").

b. *Identificar y describir* las conductas que habitualmente la llevaban a dicha situación no deseable.

c. *Identificar y describir* la meta o situación deseada ("bajar el monto de la deuda gradualmente hasta la mínima cantidad X, en un tiempo de cuatro meses").

Movilizarse hacia el desafío, además de identificarlo como tal, requiere observar científicamente toda la situación y la manera como hemos trabajado para crearla, mantenerla o empeorarla. Aurora descubrió qué hacía para evitar las deudas en las tarjetas:

- Observaba sus estados de cuenta con culpa e impotencia.
- Se regañaba y se castigaba por unos días evitando salir a la calle.
- Al desesperarse, sólo lograba calmarse cuando salía de compras.
- Compraba lo primero que veía.

Al contarme la sucesión de conductas con las que trataba de evitar las deudas, la felicité:

—Maravilloso, eres una experta en las estrategias de cómo se hace para tener deudas.

—Caramba... ¿cómo es eso?

Claro, ya sabes las estrategias exactas para mantenerte en la zona de malestar. Podrías escribir un libro acerca de "cómo tener y mantener sus deudas con las tarjetas" o "cómo frustrarse en el intento de cancelar deudas con las tarjetas".

Entonces, narré a Aurora una pequeña reseña sobre Thomas Alva Edison, el famoso científico e inventor: Edison registraba su experimento 999 para crear el bombillo. Su colega se acercó y le dijo mordazmente: "veo que estás listo para registrar el fracaso número 1000". Edison, asombrado, tomó unos instantes, luego de los cuales contestó: "pero si acabamos de descubrir 999 maneras de cómo no se hace".

Lo anterior es *capitalización de la experiencia*. Gracias a los registros de los investigadores, pueden construirse nuevas fórmulas y propuestas; de no ser así, todavía trataríamos de inventar el fuego.

Si en vez de *registrar* las fórmulas o conductas que nos llevan o mantienen en una situación no deseable damos nombre a los errores o fracasos en determinadas experiencias, perderemos de vista la inutilidad de las estrategias o fórmulas empleadas y, por tanto, insistiremos en aplicarlas.

Capitalizar el pasado significa mirar directamente nuestras estrategias y conductas sin catalogarlas de equívocas, malas o vergonzosas.

Implica no sólo una actitud sana y objetiva, casi científica para ser capaces de observar la manera como contribuimos con la situación no deseada, sino también felicitarnos por encontrar la forma de hacerlo. Al respecto es oportuno señalar lo siguiente:

Recuerdo a Tony un amigo. Para él, la situación de ser rechazado por las mujeres luego de un tiempo de relación feliz era ya un hábito.

Tony descubrió que hacía cosas para terminar en situación de alfombra, como él lo llamó. Por ejemplo, solía decir "sí" a todo, complacer todo el tiempo, dejar de interactuar con otras personas y dedicarse solamente a la mujer que amaba, mantener diálogos (en realidad eran monólogos) durante horas tratando de convencer a la pareja de que él valía la pena, pedir disculpas por lo que no había hecho, pedir explicaciones para todo, etcétera.

Luego de haber valorado o capitalizado sus estrategias (recetas de *cómo ser alfombra*), inició una nueva relación.

Al mes me llamó exaltado; por poco había caído en sus viejas estrategias, pero "una luz roja se me encendió en la mente y me dije *no*, así es como me convierto en alfombra... e inmediatamente cambié de conducta".

Le pregunté cómo se sentía y me dijo: "Me siento orgulloso de mí; pude parar y hacer algo diferente que me llevara, aunque fuera mínimamente, a la situación deseada que me había propuesto; ¡me felicito!"

Capitalizar el pasado, reconociendo las estrategias y conductas que nos llevan a donde no deseamos llegar implica también asumir la responsabilidad de nuestras acciones, en vez de culpar a los agentes externos (a los demás, a la política, a Dios, etcétera).

Cuando un hecho se repite o cuando nos encontramos atrapados en una situación de malestar, es hora de cerrar los ojos y dejar de buscar culpables o responsables afuera. Dejemos que ellos sean y hagan lo suyo y hagamos nosotros lo nuestro.

Es hora de mirarnos objetivamente y retomar nuestro poder. Si pudimos llegar, a mantenernos o quedar atrapados en determinada situación, de seguro seremos capaces de llegar a mejores escenarios, así como de mejorar, aunque sea mínimamente la situación y acercarnos a lo deseado.

Ejercicios

Para garantizarnos un buen margen de objetividad en la definición del problema, es importante describir las pautas secuenciales más importantes referentes al problema.

Algunas preguntas que pudieran ayudarnos son las siguientes:

- *¿En qué momento suele ocurrir el problema o la situación indeseable a cambiar?*

Se trata de ubicar los momentos cuando el problema tiende a expresarse o a aparecer más frecuentemente, así como de precisar días laborales y festivos horas y estaciones, en que se hace evidente. Asimismo, es importante delimitar cuándo *no* ocurre o es menos probable la aparición de la situación problema.

- *¿En qué lugar o lugares comienza a suceder la pauta o las conductas involucradas?*

La situación no deseada suele aparecer con más facilidad en ambientes cerrados, íntimos, abiertos, públicos, en algún sitio especial de la casa o de la oficina, en la escuela, en la calle, etcétera. Aquí se trata de especificar tanto el lugar dónde ocurre, como su excepción, es decir, dónde *no* ocurre.

- *¿Quiénes rodean o participan de la situación?*

En este punto, es importante describir no sólo si la situación comienza y se desarrolla cuando estamos solos o acompañados, quiénes están presentes, quiénes interactúan, quiénes inician o quiénes cierran, sino también qué hacen o no, qué dicen y cómo lo hacen los demás, así como cuáles son las conductas reiteradas antes, durante y después de la aparición de la situación problema.

- *¿Qué acciones se llevan a cabo en la escena?*

Al observar la situación como si se tratara de una película que describimos para alguien que no la ha visto, tenemos que detallar las posturas, los gestos, los diálogos, las conductas y las interacciones implicadas que puedan ser vistas y oídas en la situación. No se trata de interpretaciones (por ejemplo: "él estaba triste"), sino de descripciones (por ejemplo. "tenía lágrimas en los ojos, la cabeza gacha y los hombros caídos").

- *¿Cuáles son las opiniones de otras personas acerca de la situación problema?*

La visión que otros tengan de la situación ayudan a afinar la percepción que tengamos y a contar con nuevas posibilidades de resolución.

- *¿Qué impide el problema?*

Si no tuviéramos el problema o si no ocurriera tan frecuentemente, ¿qué haríamos con esa energía y esos tiempos disponibles?, ¿qué dejaríamos de hacer?, o ¿qué realizaríamos de manera diferente? Si desapareciera repentinamente el problema, ¿qué sucedería de forma diversa?

Si no describimos las condiciones y las acciones presentes en el problema, correremos el grave riesgo de alterar aquellas áreas o aspectos que no sean problemas o que pudieran ser recursos.

Ejercicios

1. Describa las acciones y pasos que ha desarrollado para evitar, resolver o no empeorar su problema y que no le han dado resultado:

_____

2. ¿Cuál es el beneficio oculto para quedarse en la situación que usted desea resolver o cambiar (¿cuáles serían los riesgos si cambiara la situación o la conducta que desea modificar)?

_____

Cómo adueñarnos de nosotros

En terapia Gestalt aprendemos a *hacer contacto* y a apropiarnos de nuestros aspectos, características, actitudes y emociones, incluido aquello que menos nos gusta de nosotros, en especial aquellos aspectos, emociones o características que más nos atemorizan, duelen o detestamos.

Hacer contacto y apropiarnos o, dicho de otra manera, reconocernos en nuestras acciones, pensamientos y emociones, así como las consecuencias generadas, es un acto de responsabilidad que nos permite adueñarnos de nuestro poder para elegir nuevas y mejores decisiones. En el caso de cerrar un ciclo de repetidas situaciones de malestar, es indispensable que queramos ver, o por lo menos que estemos dispuestos a reconocer qué hacemos y cómo hacemos las cosas para llegar a las mismas consecuencias.

De nada nos sirve una posición culpabilizadora. Decir que los demás nos hacen sufrir o que somos víctimas de las consecuencias, del karma, de las estrellas o de las malas influencias de los demás nos despoja de la visión y de la capacidad para mejorar nuestra vida. Tampoco sirve culpabilizarnos a nosotros o hacernos víctimas de nosotros, llenarnos de vergüenza o rabia por lo que hicimos o lo que dejamos de hacer, por lo que somos o no somos capaces, porque sólo nos hunde un poco más en los pantanos de nuestra justificación. Así, para salir de los circuitos o callejones sin salida, para terminar de repetir los patrones que nos llevan a experimentar *siempre lo mismo*, es indispensable convertirnos en una especie de *reporteros del crimen*, capaces de observar y describir todos los detalles importantes de cómo nos desenvolvemos y nos las arreglamos para llegar siempre al mismo fondo del callejón no deseado. Por ello, nuestro primer paso en la descripción del problema es conocerlo como ocurre, a partir de lo observable, de lo que podría filmarse con una cámara.

Si decimos "mi problema es la obstinación", no estará claro si se trata de que somos personas muy perseverantes y tercas o si nos cansamos rápidamente de algo. Asimismo, al expresarnos de manera vaga, corremos el riesgo de caer en algunos pecados de la comunicación, como los siguientes:

- Generalización.
- Indefinición.
- Distorsión de la percepción.

En este punto es importante destacar la interpretación que tenemos de la situación, cuál es la causa y el beneficio oculto del problema, así como la opinión de quienes nos rodean o están implicados en la situación. Por ejemplo, para Ingrid, la causa de que su hijo y ella discutieran era que él no quería estudiar. Para su hijo, la causa era que ella insistía en que a él *tenía que gustarle* estudiar. Tanto para uno como para el otro, el beneficio oculto de las discusiones eran el distanciamiento inicial (lo cual hacía que cada uno tuviera más espacio para sí mismo) y la reconciliación (sentirse más cerca uno del otro).

En todo caso, lo importante es que al describir la situación problema lo más objetivamente posible, a partir de las conductas observables, obtengamos un amplio reporte de cómo ocurren las cosas y cuál es nuestra participación en ello. Al respecto cabe afirmar:

Puedo descubrir de qué manera contribuyo a empeorar, iniciar o mantener la situación, y así puedo elegir incluir un cambio de acción, ambiente y/o tiempo *que permita una mejoría mínima a la situación problema.*

En un *nivel profundo*, cuando me doy cuenta de qué hago y cómo funciono o me desenvuelvo para crearme la situación no deseada, puedo obtener muchos datos importantes para hacer contacto y así responsabilizarme de:

- Mis actitudes
- Mis emociones
- Mis pensamientos
- Mis decisiones
- Mis acciones

Es decir, al darme cuenta de que *soy yo* quien siente, hace, piensa, decide y acciona, dando los pasos hacia el malestar, puedo cambiar la dirección de dichos pasos o al menos detenerme un tiempo para hacer una mejor elección. Los demás me sirven para ver cuál es mi repercusión o manera de influir, pero no puedo culparlos porque ello sería vivenciarme como objeto y víctima impotente ante las situaciones. Por ejemplo:

Recuerdo que durante varios años soñaba con tener una casa con jardín, perros, espacios, etcétera; pero cada vez que pensaba en darme la oportunidad de buscar casa, me desanimaba, pues pensaba en que no tenía dinero suficiente para realizar mi sueño. Un día la conserje de mi edificio me comentó que una vecina solía quejarse de que los ascensores se dañaban por la cantidad de gente que acudía a mi consulta. La primera vez, aunque me molesté, me reí (ojalá hubiera sido ésa la causa... apenas empezaba a trabajar en psicoterapia y tenía unos pocos clientes).

Luego de unas semanas, la conserje volvió a repetirme las quejas de mi vecina, lo cual me enfureció lo suficiente para decir a mi esposo que ya era hora de cambiar de domicilio. Por supuesto, él, precavidamente, me recordó que necesitaríamos mucho dinero y que no era un buen año para adquirir una casa.

A ese punto, se me ocurrió plantearle que lo hiciéramos como un juego, que nos diéramos la oportunidad de buscar y observar las casas por un mes *como si tuviéramos el dinero*.

A las tres semanas, ocurrió el milagro: la paradoja en que habíamos estado era: "como las casas son costosas y no tenemos mucho dinero, no buscamos; por ello, no conseguimos casas adecuadas a nuestro presupuesto".

A las tres semanas, a una cuadra de nuestro apartamento, una pareja de personas mayores decidía vender su casa (por cierto muy grande) porque sus cinco hijos se habían casado y mudado. Lo que deseaban era un apartamento en la misma zona que satisficiera sus necesidades de comodidad y economía... y ése era justamente mi apartamento. Cuando las casas en la zona costaban más de $300 000, ésta estaba en menos de la tercera parte. Con un poco más de dinero (logramos obtener un préstamo) conseguimos nuestra casa, nuestros perros, nuestro jardín y nuestro sueño... y resolvimos nuestro desafío.

Sin embargo, conseguir mi sueño se debía en gran parte a la ira que me generaron las críticas de mis vecinos y que habría ocurrido si una parte mía no hubiera existido, y esa parte era mi crítica interna que me acosaba para que yo realizara cambios.

Si me hubiera quedado con la ira de los chismes de mis vecinos y no hubiera buscado soluciones, aún soñaría con tener una casa.

Apropiarnos de nosotros es una tarea que implica sincerarnos y descubrirnos en los rasgos que otorgamos a los demás. Por lo general, estamos acostumbrados a ver hacia fuera aquello que no vemos hacia adentro. Ya sea que se trate de rasgos positivos o de los rasgos que nos molestan de los demás, siempre son referencia de nuestros rasgos.

La psicología Junguiana alude a la *sombra*, mientras que la Gestalt, se refiere a la *polaridad* no integrada de nuestra personalidad. Cuando no nos damos cuenta de determinada característica o aspecto nuestro, seguramente nos poseerá, en caso de ser un impulso reprimido, o no podrá ser de provecho si se trata de una característica favorable.

En muchos casos podemos observar que algunas personas se "enganchan" con otras y les atribuyen lo que ellas proyectan, por ejemplo:

Lenin, un joven soltero y apuesto, solía sentirse muy desdichado cuando en situaciones sociales, como fiestas y reuniones, consideraba que no era visto ni admirado. A menudo se quejaba de que la gente era fría, indiferente y distante, lo que dificultaba la realización de su sueño más querido: conseguir una pareja estable y estrecha.

En una terapia de grupo, Lenin pudo darse cuenta de que era frío, indiferente y distante consigo mismo. Vivía tan pendiente de ser visto y admirado que no se interesaba por nadie realmente, y si se fijaba en alguien, enfocaba el hecho de cómo iba a ser percibido o admirado por esa persona.

Por otra parte, Lenin logró darse cuenta de que era muy indiferente e insensible a sus necesidades de contacto, afecto y atención a sus necesidades.

Ejercicios

1. Escoja un personaje histórico, legendario o del mundo de la farándula al que le hubiera gustado parecerse y elija tres características que admire en dicho personaje:

2. Elija un personaje que le disguste profundamente o de quien no quisiera parecerse, y seleccione tres características que le desagraden:

_____

3. Ahora pronuncie en voz alta dichas características, comenzando con la frase "soy..." Por ejemplo, si hubiera escogido a la madre Teresa de Calcuta y descrito tres de sus características, como inteligente, humana, y desprendida, verbalice la frase de la manera que sigue: "soy inteligente, humano y desprendido".
4. Si hubiera elegido a Hitler como el personaje al que no quiere parecerse, y sus características fueran cruel, injusto y temerario, verbalice la frase "soy cruel, injusto y temerario".
5. Luego repita el ejercicio de verbalizar cada característica con la frase "soy..." y agregue ahora la palabra "y".

Con base en el ejemplo anterior, esto generaría en una oración como la siguiente: "soy inteligente, cruel, humano, injusto, desprendido y temerario".

Este ejercicio puede desagradar a muchos, pero inevitablemente facilita el proceso de conciliación y encuentro con nuestros aspectos excretados.

Recuerdo a un pequeño grupo de mujeres en una actividad de crecimiento personal, en la que para algunas fue más difícil identificar sus rasgos positivos y a otras sus rasgos negativos. Al finalizar la actividad, todas reportaron sentirse más reconciliadas, más aliviadas y centradas consigo mismas; en otras palabras, se reapropiaron de algunas de sus partes ignoradas o desechadas que conformaban su unidad como seres humanos y espirituales.

Los capítulos inconclusos son los que nos producen ruido, tensión o malestar. Las relaciones afectivas, y en especial, las familiares, que estén teñidas de dolor, resentimiento o culpa, son una carga muy pesada para poder tener el camino ligero hacia nuestros sueños.

Igualmente, evitar o excluir a alguien de nuestro legado familiar e histórico, es igual a decidir caminar con un pie menos, porque éste no nos guste, o no utilizar un dedo porque nos parezca defectuoso. A la larga, todo nuestro cuerpo buscará la compensación y se sobrecargará, consumiendo una considerable energía que pudiera estar a la disposición de nuestros deseos de bienestar y realización.

Cerrar los capítulos o concluirlos implica un proceso de:

- *Reconocimiento* (contactar y reconocer lo que fue y es, así como lo que no fue y no podrá ser);
- *Responsabilidad* (asumir las consecuencias de las elecciones propias y dejar de culpar a los demás);
- *Conciliación* (estar en paz con lo que haya sucedido, humildad ante lo que no se puede cambiar, ante las limitaciones);
- *Integración* (recuperación de todas las piezas del rompecabezas de nuestra historia).

De nada nos sirve avergonzarnos por nuestros antepasados o por algo que hayamos hecho. La vergüenza no es sino una evasión a la sinceración de los hechos y nos debilita dramáticamente como personas. En todo caso, es preferible asumir la culpa de manera digna.

La culpa es un sentimiento que puede dañarnos si se queda en remordimiento, auto-acusación, mortificación. Lo hecho, hecho está, y por mientras más vuelta le demos a la culpa, más nos hundimos en el pantano de arenas movedizas.

Ante la culpa, solo queda un acto digno: hacer que haya valido la pena la experiencia, convirtiéndola en acciones concientes de transformación.

Recuerdo un hermoso ejemplo en la biografía de Ghandi. En un momento de gran tensión para la India, un hindú imploró al gran líder que dejara el ayuno y sacara al país del infierno.

Gahndi lo miró y le preguntó: "¿cuál es tu infierno, hermano?"

Y el hombre le respondió en llanto: "Esta mañana agarré a un niño musulmán por los pies y lo maté haciendo que su cabeza golpeara contra el suelo. Ése es mi infierno y no tiene salida".

Entonces Ghandi le respondió: "Toma un niño musulmán que haya quedado huérfano, adóptalo como hijo, y críalo bajo las costumbres musulmanas".

No se trata de compensar, sino de equilibrar. Cuando el acto de reconocer los errores es hecho con responsabilidad y grandeza, entonces estamos haciendo que el error o la experiencia de la que nos sentimos culpables, tenga un nuevo sentido, logrando así, que la cadena de compensaciones (actos que intentan frustradamente borrar lo hecho) se disuelva, al tiempo que se capitaliza la experiencia.

capítulo 3

Cierres afectivos

La reacción adaptativa a la pérdida de una persona amada
es un período bastante largo de pena y dolor, seguido por un
renacer del interés por las personas vivas y las cosas en general...
La reacción de "agarrarse" tiene por objeto inhibir las emociones
suscitadas por la pérdida y mantener presente
a la persona en la fantasía.

STEPHEN A. TOBIN

Por muy buenos que hayan sido los acuerdos y una relación, en algún momento las personas sienten una necesidad de renovación o cambio, o simplemente se hastían o cansan de seguir juntas, por lo menos de la misma forma.

El proceso, desde darse cuenta de que algo no anda muy bien hasta sentirse realmente molestos, vacíos o frustrados y que el conflicto resulta evidente para los dos, es llamado *proceso de cierre o individuación*. Por lo general, dicho proceso es caracterizado por una reflexión en forma de monólogo interior en el que no faltan las decepciones, las frustraciones, las culpas o los resentimientos. En el secreto desván de su alma, la persona procesa y sopesa las experiencias vividas para evaluar si sigue adelante con la relación, los peligros de seguir igual, los riesgos de hablar sobre lo que le está pasando, etcétera.

Muchas personas suelen pensar en que el tiempo lo arreglará, en que algo pasará o en que la otra persona se dará cuenta de la situación y entonces hará los cambios. Pero lo cierto es que mantener el malestar en secreto hace que la relación peligre, pues la tensión interna buscará salida de cualquier forma, la cual puede ser mediante mentiras, indirectas, pases de facturas, infidelidades, agresiones, enfermedades y accidentes.

En el manejo de esta etapa tan difícil, lo ideal es atreverse a hablar con la otra persona involucrada en la relación y expresarle lo que pensamos, lo que sentimos, lo que tememos y lo que preferiríamos. Si no acusamos ni agredimos, será mucho más fácil que la otra persona muestre disponibilidad gradualmente a escuchar y participar de manera conjunta en el proceso, es decir, que juntos podamos entablar esta relación, que, a pesar de no ser muy agradable, es enriquecedora. Por otra parte, los cierres forzosos, aquellos "adioses" que nunca hubiésemos querido dar, (por ejemplo, las pérdidas definitivas de los seres queridos o las pérdidas temporales como la imposibilidad de seguir cercanos), nos llevan a evitar el dolor de la separación.

Para algunos, esa forma de evitar el dolor se convierte en una negación del proceso de duelo y reacomodo. Para otros, acariciar insistentemente los recuerdos, al punto de perder de vista el presente y el futuro, es la manera de mantenernos unidos al afecto que ya no existe. Cualquiera de las dos formas conlleva altos riesgos, porque los individuos no se limitan a madurar, crecer y aprender para nuevas y mejores etapas de la vida relacional.

Cierres de transición para seguir juntos

Nos guste o no, toda relación tiene un vencimiento, ya sea porque la relación sea modificada en su forma pues las personas cambian, o porque uno de los dos componentes de la relación se vaya o muera. Por tanto, algo en las reglas de juego, en el ambiente y en el tiempo va cambiando.

Mi madre, quien tiene 81 años, solía decir: "Antes, en la época de mis padres, a los niños nos estaba prohibido hablar en la mesa; ahora casi tengo que pedir permiso a los niños para poder hablar en la mesa".

Las necesidades y las expectativas se modifican constantemente, por lo que lo ideal sería establecer una comunicación abierta, directa y franca acerca de lo que esperamos del otro en nuestra relación de pareja, de padres, de hermanos, de amigos y de socios, si queremos que la relación tenga *futuro*. Sin embargo, no estamos adiestrados para saber atender el momento en que es importante establecer nuevos acuerdos con el fin de ajustar la relación.

Por otro lado, tener metas conjuntas y hacer ajustes es sólo una parte en el mantenimiento de las relaciones afectivas. También será importante considerar el *ahora* de la relación: una vez que el ser humano conquista una meta, pareciera que tiende a poner la vista en otras metas y que llega a menospreciar lo logrado. Esta estrategia de vivir en las metas y menospreciar lo logrado tiene una influencia particular en la vida afectiva, en la cual parecería que si siento que te quiero, la relación tendrá la fuerza suficiente para seguir adelante, pues el amor nos trajo hasta aquí y cuidará de nosotros... Sin embargo, si no se celebra el amor, si no se "amarran" los buenos momentos, nos pesará mucho dedicar tanta energía y tiempo a las metas. Con el tiempo, si sólo vivimos en el futuro, al mirar atrás nos parecerá que tampoco hubo *pasado*.

Cerrar una etapa en las relaciones interpersonales implica hacer una revisión y capitalización conjunta de:

- Los aspectos que funcionaron y que deseamos mantener y llevar a la próxima etapa.
- Los aspectos que no funcionan o deben ser mejorados.

Ello posibilitará tres pasos importantes:

- Especificar concretamente las necesidades y expectativas en términos de conductas observables.
- Establecer nuevos acuerdos.
- Cumplir los acuerdos establecidos.

Muchas veces hemos escuchado que *nadie cambia a nadie*, lo cual es cierto... pero en ocasiones no es tan cierto. La propuesta es cambiar las conductas, los pactos, y los acuerdos, no a la persona. Para ello, es indispensable reconocer cuándo el caballo está muerto (es decir, reconocer cuándo la relación ha terminado). Si no lo hacemos, pasaremos gran parte de nuestro tiempo en la fantasía de que cabalgamos y sufrimos porque el paisaje es siempre el mismo, y enojados con nosotros por las moscas que nos rodean, intentando espantarlas cuando lo mejor es bajarnos del caballo, enterrarlo, llorarlo, hacer nuestro duelo y seguir nuestro camino.

Quizá el caballo (la forma de relacionarnos, o la relación) esté muerto, pero nosotros seguimos vivos y podemos seguir intentando otras maneras de trasladarnos; sin embargo, si no conseguimos encontrar y respetar nuevos acuerdos, lo mejor será despedirnos, agradecer lo bueno y seguir nuestras pisadas.

Álvaro tenía 16 años de edad cuando acudió a mi consulta con su madre. Debido a la situación económica de su familia, sus padres consideraban irse del país a probar mejor suerte en Estados Unidos. Ya casi todo estaba listo (a tres meses para la mudanza), cuando Álvaro, el mayor de tres hermanos, mostró una gran desmotivación en los estudios y problemas de conducta en la escuela. En casa se mostraba callado y pasaba casi todo el tiempo encerrado en su cuarto, aislado de todo. Un día, en pleno almuerzo, Álvaro comenzó a discutir con su madre y amenazó con irse del hogar si insistían en abandonar el país.

En consulta, Álvaro expresó que dejar el país era dejar a sus amigos (lo más importante para un muchacho de su edad), a lo cual su madre replicó varias veces que *eso no era mal para morir*. La señora, riendo para restar la gravedad inexplicable del hijo, lo aconsejaba cómo hacer nuevos amigos en el país al que iban a residenciarse.

Tan pronto como la madre entendió la importancia que tiene el grupo de amigos para alguien de la edad de Álvaro, así como que su intento de solución (subestimar el dolor del hijo) agravaba el problema, me fue posible conversar con el adolescente y respaldar su sentimiento empatizando con su experiencia.

Luego le pregunté de qué manera él podría garantizar el mantenimiento de los vínculos afectivos con esos amigos. Lo pensó un poco y sonriendo comenzó a esbozar un plan para seguir en contacto con por lo menos cuatro de sus mejores compañeros. Igualmente, Álvaro fue capaz de diseñar el proceso de despedida y en esa medida, su conducta dejó de ser un problema tanto para la casa como para la escuela.

La intimidad como paso previo a los acuerdos con el otro

Cuando planteamos la posibilidad de reconsiderar la relación, decimos que es necesario escuchar mutua, abierta y benignamente. No obstante, será imposible escuchar al otro si analizamos, comparamos, criticamos, juzgamos o rebatimos. Con tanto ruido interno y externo, lo más probable será que la comunicación se convierta, en el mejor de los casos, en una manipulación encubierta y, en el peor, en una guerra de poder.

Escuchar implica dejar que el otro hable sin interrupciones, preguntar cuándo no entendemos algo y contestar desde el nivel de las emociones y pensamientos relacionados con lo que experimentamos y no solamente sobre el hecho.

La intimidad conmigo misma es el espacio que me doy para escuchar lo que me ocurre interiormente, lo que siento, imagino y pienso de mí respecto a lo que sucede en la relación o lo que manifiesta el otro. Pero ¿cómo establezco una comunicación íntima conmigo si en cuanto me doy cuenta de que estoy triste, asustada o molesta me critico o me exijo no estarlo?

¿Cuántas veces hemos luchado contra nuestro sentimiento?, ¿cuántas veces nos atacamos con frases como "no debería sentir esto"? Escucharnos implica centrar nuestra atención, abierta y humildemente, en *sentir* lo que nuestro cuerpo siente, es decir, en *hacer contacto* con esa tensión, ardor, picor, sudoración, temblor, palpitación o cualquier *sensación* física que podamos atender.

El solo hecho de *darnos el tiempo* para hacer algo tan simple, sin tratar de llegar rápidamente a conclusiones y a soluciones, es un paso importante. Uno de los factores que influyen de forma negativa en nuestra calidad de vida y calidad de relaciones es la prisa. Así la cultura por el *éxito* nos ha inculcado el valor del tiempo como recurso de producción, mas no de salud ni de felicidad, ni mucho menos para relacionarnos adecuadamente. Por tanto, si somos capaces de darnos tiempo para sentir y dejar que nos hable nuestra sabiduría interna, primaria e intuitiva, seguramente estaremos en el camino para intimar con nosotros.

La propia lucha interna nos aleja de nuestra compañía y de nuestro propio respeto y consideración.

Recuerdo el caso de Joan, una joven de 27 años que se sentía muy desorientada. Siempre estaba de prisa y hacía muchas cosas a la vez. Era exitosa, pero se sentía muy vacía y sola; hablaba mucho y muy rápido, además de que repetía constantemente: "No sé qué me pasa, porque todo está perfecto en mi vida".

Le pedí que se diera unos instantes para escuchar su cuerpo y conocer lo que necesitaba. Luego de grandes esfuerzos, me dijo: "Quiero dinero". Luego siguió: "Creo que lo que me pasa es que cuando era pequeña..."

Lo cierto es que el cuerpo no dice esas cosas, así que insistí y le ayudé a darse cuenta de las sensaciones corporales. Ella contestó: "No veo cómo eso me va a ayudar... mi problema es que necesito más dinero..."

Le costó mucho esfuerzo detenerse para hacer algo tan "tonto" y sentirse tan "ridícula y cursi". Le pedí que me diera la oportunidad de conocer sus sensaciones físicas. Entonces, Joan cerró los ojos, se quedó en silencio un rato y contestó: "Mi cuerpo... mi espalda me duele, pues llevo un gran peso... ahora tengo ganas de llorar... qué tonta soy".

Le pedí que respetara y acompañara esas ganas de llorar. Unos segundos más tarde, Joan explotaba y decía: "No quiero seguir cargando a tanta gente en mi espalda".

Si nos castigamos o nos ignoramos, difícilmente llegaremos a nuestros acuerdos con paz y claridad. Y ése es el primer paso para luego pretender establecer una comunicación franca e íntima con los demás y así lograr nuevos acuerdos.

Al respecto cabe aplicar lo siguiente: si mi pareja me plantea, entre las cosas que quisiera mejorar en la relación, que le entristece mi manera de reaccionar cuando grito y que se sentiría más cercano si yo expresara mi ira conversando, lo ideal es que yo escuche su planteamiento y le comunique cómo me siento y lo que pienso que podría ocurrirme si no grito. En caso contrario, si me defendiera y dijera que grito porque él no me escucha, comenzaríamos a meternos en una pelea o discusión frustrante que impediría encontrar nuevas soluciones y acuerdos. De aquí que lo importante en los cierres, sean transitorios o definitivos, es la comunicación íntima: aquella en la cual es posible *conocer* lo que el otro vive emocionalmente, lo que le pasa vivencialmente.

La comunicación íntima se diferencia del simple hablar, porque expone nuestra realidad interna respecto a algún hecho o situación. La comunicación íntima se diferencia de la intimidante porque ésta busca cambiar, asustar, manipular o atacar al otro.

La comunicación íntima es el nexo que facilita el acercamiento respetuoso de lo que es, en vez de lo que debería ser.

Nuestros padres: nuestros ancestros

Como arcilla delicada, nacemos y recibimos de inmediato las pistas de quienes nos rodean, aprendiendo gradualmente lo que concierne a la vida, a nosotros mismos y a nuestros ancestros.

Mediante el contacto físico, los sentidos, el movimiento y los mensajes, cuando somos niños, diseñamos mapas que son fijados como tatuajes vivenciales y que se convierten en las referencias y las creencias sobre cómo son los demás y cómo somos nosotros.

Los mapas de logro, éxito, felicidad, economía, sexo, amor, odio, amistad, cooperatividad, fracaso, frustración, etcétera, son resultado de la dinámica familiar que recibimos a través de nuestros familiares más directos: nuestros padres.

Ya sea que nuestros padres hayan sido ese hombre y esa mujer que nos concibieron y dieron a luz biológicamente y que nos transmitieron su carga genética, como aquellas personas que hayan servido de figuras parentales (padres adoptivos, nodriza, abuelos, tíos, hermanos mayores, tutores, etcétera), son los formadores de nuestras más fuertes tendencias, en especial en lo afectivo.

Los portadores de lo ancestral nos dan la primera oportunidad de vincularnos con emociones encontradas, como amor-odio, atracción-rechazo y seguridad-miedo. Los padres también son los primeros que nos darán los medios adecuados o no de la intimidad y la distancia, la rivalidad y el compañerismo, la confianza y la desconfianza, que luego veremos reflejados en las relaciones siguientes: hermanos, primos, amigos, pareja, etcétera.

En cuanto a la percepción mutua, la autora recuerda haber leído algo muy interesante respecto a la percepción de un hijo hacia su padre, y citaba algo parecido a lo siguiente:

- *Cuando niño: papá es Dios.*
- *Cuando púber: papá es un sabio.*
- *Cuando adolescente: no sabe nada.*
- *Cuando joven: papá quizás sepa.*
- *Cuando adulto: papá es humano.*
- *Cuando viejo: papá hizo lo mejor que pudo.*

Definitivamente, en la medida en que los hijos crecen van cambiando sus percepciones sobre sus padres, debido a que cambian su propia percepción. Sin embargo, muchas veces oímos la frase *"odio a mis padres porque no soy exitoso"* o *"si me hubieran querido y no se hubieran divorciado yo sería diferente y habría conseguido pareja".*

Lo que nos hace adultos es tener y utilizar la capacidad para autodeterminar nuestro destino, para asumir la responsabilidad de lo que deseamos o no en nuestra vida y para revisar lo que nos obstruye el paso y hacer algo con el fin de cambiarlo. De lo contrario, si no asumimos nuestra capacidad, talento, necesidades y sueños, y seguimos culpando al pasado y a nuestros padres por lo que somos o no en el presente, permaneceremos estancados en la misma situación de impotencia e inmadurez. Sin embargo, si tenemos la suficiente humildad para ello, descubriremos nuestra fortaleza y nuestra debilidad humanas, lo cual nos permitirá ver a nuestros padres de igual a igual, de ser humano a ser humano.

Al reconsiderar los errores y los aciertos de nuestros padres, los liberaremos de nuestros juicios y dejaremos el rol de ser *"niños impotentes, víctimas y perdedores por culpa de unos todopoderosos padres"*. Sólo así, si nos consideramos individuos factibles de error y dotados de posibilidades (igual que nuestros padres), podremos elegir nuevos escenarios y cerrar los ciclos pendientes que nos retienen a repetir los mismos temas no deseables que eligieron nuestros padres.

Si estamos en una fase de cambio importante, como una mudanza que nos aleja de nuestros padres, o de cambio de estado civil (de solteros a casados, de casados a solteros, etcétera), o si necesitamos modificar el tiempo, la frecuencia de interacción, la distancia o los límites de participación, será importante no demorarnos en expresar nuestras necesidades y garantizar nuestro afecto.

El continuo ajuste de una etapa de vida a otra nos permite medir nuestra capacidad de aprendizaje, comprensión, trascendencia y maduración. Todo lo cual se desarrolla a la par del crecimiento de nuestra responsabilidad, autonomía e independencia. Para crecer y madurar, es necesario adquirir mayores cuotas de conciencia tanto sobre nuestra inevitable elección de lo que vivimos como de las consecuencias generadas.

Como niños, totalmente dependientes de la atención y protección de nuestros padres, no es fácil desplegar la visión de que elegimos lo que sentimos y cómo reaccionamos. Como adolescentes, aún carecemos de estrategias, conceptos y experiencias para darnos cuenta de nuestro poder y voluntad, por lo cual culpamos a los padres, a la sociedad y a todos los que se interponen en el camino de nuestros ideales y sueños de total libertad, independencia y capacidad de acción en el mundo. Pero cuando somos adultos, nos corresponde inevitablemente asumir lo que hacemos, cómo lo hacemos, para qué lo hacemos o por qué dejamos de hacerlo.

Cerrar los ciclos con nuestros padres es la consecuencia natural de los diferentes pasos de maduración que adquirimos. De alguna forma, cuando un padre o una madre mueren, los hijos somos herederos de su historia y, en la medida en que la llevemos con amor, aquella no termina. Se transfiere de generación a generación haciéndose permanente, enriqueciéndose y eternizándose con cada hijo, nieto y descendiente que honre esa historia.

Uno de los rituales más hermosos y conmovedores que tuve la oportunidad de presenciar, fue la ceremonia fúnebre de un anciano y la reunión familiar inmediatamente después de su entierro. Se trataba de una reunión en la que eran mostradas las fotos más antiguas de la familia, colocadas bellamente de manera cronológica, casi en forma de árbol genealógico. Al lado de cada foto había una nota escrita por los hijos de los fallecidos, relatando las características más resaltantes de sus queridos padres, así como algunas anécdotas relacionadas con su vida y los agradecimientos que sus hijos hacían a sus padres.

Después de leer una a una las notas, el grupo familiar levantaba su copa y hacía comentarios relacionando sus vidas con los parecidos o puntos semejantes que encontraba con sus ancestros. Al finalizar, era imposible no experimentar una atmósfera de intensa cohesión e intimidad familiar, en la que la soledad y el aislamiento no tenían lugar.

Sin embargo, muchas veces la pérdida de los padres ocurre cuando aún están vivos: los fuertes conflictos que puede haber en la relación padres-hijos y que a veces son demasiado dolorosos o casi imposibles de resolver obligan a un distanciamiento y a un duelo, quizá más sensible que si se tratara de un duelo por fallecimiento. En estos casos, el conflicto se agudiza porque los hijos, intentan cambiar a la fuerza a sus padres: si éstos fueran más comprensivos, si no fueran tan agresivos, si me hubieran apoyado, si no me hubieran maltratado, si dejaran de insultarme, si me entendieran, etcétera. Aquí aludimos a relaciones traumáticas y dolorosas que permanecen en el tiempo y que nos mantienen enganchados, desgastados y afectados.

Al no poder cambiar a esos padres (ya sea porque murieron y no pudimos resolver la relación, o porque la situación es inmanejable), nuestra decepción se mantiene y nuestra lucha también. Y es que mantenernos en la lucha nos garantiza permanecer asidos a una relación dañina en la cual ambas partes sufren. En tales casos, resulta valioso enfrentar la realidad y admitir que esos padres se equivocaron, lo hicieron mal y que no son los que hubiéramos querido tener. Este paso es conocido como "enterrar a los padres ideales", para dejar nuestra lucha interna y externa, para abandonar la lucha por lo imposible y para comenzar a vivir con lo posible. Éste es un proceso difícil que debemos realizar en compañía de un terapeuta o de una persona con capacidad para apoyar y facilitar el proceso de ira, culpa, resentimiento y dolor que ello implica.

El siguiente es un fragmento de Julia, quien enfrenta, terapéuticamente, la figura de su madre:

> "Hubiera querido que no me azotaras y fueras como las hadas madrinas de los cuentos: buena, cálida y mágica. Hubiera querido que no me hubieras amenazado con abandonarme cuando apenas tenía 10 años. Me hubiera gustado poder amarte, a pesar de que nunca me apoyaste y siempre me criticaste... pero la verdad es que me azotaste, me amenazaste, me diste la espalda y me heriste".

Luego, en otra sesión terapéutica, procesó la muerte de la madre que siempre intentó tener y por quien tanto luchó en convertir a su madre:

> Hoy, madre, la que siempre quise, la que siempre tuve como ideal, te entierro como se entierran a las hadas madrinas de los cuentos: cierro este libro, cierro esta etapa... ya no trataré de darte vida imponiéndote a ella (su madre real). Gracias por acompañarme en mis momentos de soledad y miedo, gracias por sonreírme cuando nadie lo hacía y recordarme que nunca me dejarías. Hoy comprendo que tu lugar está en mi corazón, en el libro de mis fantasías de niña asustada. Hoy sé que si quiero volver a verte, será en mis sueños o en mi rol de madre conmigo misma y con mis hijos. Gracias, siempre te recordaré.

Después de un par de semanas, Julia se veía mucho más serena. Su lucha había terminado y poco a poco empezaba a darse cuenta de los aspectos positivos (aunque, según ella, eran sólo dos) de su madre. Con el tiempo, Julia dejó de esperar lo que nunca obtendría de su madre, como también dejó de vivir como la niña dependiente y vulnerable que había sido hasta ese momento. Con ello, las relaciones con su madre se fueron haciendo más cordiales y menos tensas, así como su relación con los demás.

Por ocuparnos de lo imposible, muchas veces perdemos lo posible

Cerrar un ciclo con nuestros padres significa pasar al próximo estadio de madurez y comprensión sobre nuestra relación con ellos y nuestra autosustentación. Básicamente, la relación de nuestros padres con nosotros establece las pautas de apoyo, castigo y negociación que luego funcionarán de manera automática. Sin embargo, esta posición determinista variará si somos capaces de reconocernos como seres con capacidad para comprender y para elegir responsablemente mejores estrategias de vida. Al respecto, cabe mencionar lo siguiente:

Valerio, un estudiante de administración de unos 27 años, acudió a mi consulta con altos niveles de ansiedad y depresión.

Estaba muy decepcionado de sí mismo y se descalificaba duramente por no haber podido realizar su sueño: ser un artista de cine famoso y rico antes de los 25 años de edad.

A pesar de sus múltiples intentos, no había conseguido buenos libretos en el teatro local, lo que hizo que a los 25 años eligiera una carrera en la que pudiera hacer dinero. Decía: "Si no he podido ser famoso como actor, por lo menos seré rico como administrador".

Paradójicamente, los estudios le resultaban una tortura para él pues no eran de su interés y sus compañeros de clase eran menores que él. Además, el plan de estudios que se había fijado no le facilitaba trabajar, divertirse y desarrollar áreas de su interés.

En el transcurso de la terapia, Valerio mostró un altísimo potencial para las carreras vinculadas con las relaciones interpersonales y con el razonamiento abstracto y filosófico. Disfrutaba leyendo sobre psicología, filosofía y sociología, así como libros referentes al crecimiento personal, biografías de personas humanitarias y obras teatrales.

Resistido a la idea de cambiar de carrera porque ya era un "viejo", se forzaba en tener entusiasmo y en ser el mejor de su clase. Debido a la inmensa presión que se hacía a sí mismo, tanto la ansiedad como la depresión impedían que su desempeño universitario fuera bueno. Le ocurría todo lo contrario: cuanto más se forzaba en hacerlo mejor, su atención, motivación y rendimiento decaían, al punto de perder el semestre en el que se encontraba para el momento de la consulta.

Era obvio que Valerio luchaba contra sí mismo, descalificando sus intereses y tendencias profesionales (así lo había hecho su padre con él), al tiempo que se aferraba a la idea de que cuando "queremos podemos" (frase típica de su madre).

Sólo cuando Valerio entendió que los intentos por animarse a hacer lo que no le gustaba y a presionarse sentir lo que no sentía, lejos de ayudarlo, lo paralizaba y restaba energía. Esto lo había aprendido durante su infancia y adolescencia mediante la ayuda que sus padres le habían facilitado.

Para este joven no fue cosa fácil darse el permiso de autosustentarse amorosa y respetuosamente; sin embargo, su primer paso fue importantísimo.

Valerio aceptó la idea de que elegía estudiar algo que no le gustaba, porque para él la edad era un asunto primario (tenía que graduarse antes de los 30 para no sentirse fracasado); sin embargo, no se exigiría ser el mejor, ni aceptaría un entusiasmo que no sentía. Esto le permitió cambiar de universidad (a una de educación para adultos), con un horario más flexible (lo que le facilitaría trabajar medio tiempo, divertirse y desarrollar otras áreas de interés).

Por último, Valerio consiguió realizar un curso sobre psicología junguiana, una de sus grandes pasiones.

Reconocer que en nosotros habitan nuestros padres introyectados (mapas parentales absorbidos e instalados desde la infancia) y que éstos influyen en la manera como nos tratamos y tratamos a los demás abre un compás de cambio infinito, pues al responsabilizarnos por ello crearemos el espacio para diseñar nuevas fórmulas o estrategias que colaboren con nuestro bienestar.

En el caso de un duelo inconcluso por fallecimiento, en el que la persona no se siente capaz de seguir con su vida y busca la figura parental en otros (consiguiendo parejas, jefes y amigos a quienes confiere los rasgos y el poder que vivieron de niños), reconsiderar las fórmulas también es vital.

María Herminia, una ejecutiva de 35 años, tenía problemas con las parejas que conocía, pues, según ella: "Ninguno le llega ni a los tobillos a mi padre".

Acudía a la consulta porque estaba decepcionada de los hombres con los que solía entusiasmarse rápidamente al conocerlos.

Al pedirle que describiera los rasgos comunes de sus parejas anteriores, María Herminia concluyó que aquéllos no existían, ya que todos eran muy diferentes: algunos significativos, otros arriesgados y algunos otros estables.

Cuando le pedí que describiera las características de su padre, María Herminia, sorprendida se dio cuenta de que las características más resaltantes de todas sus parejas eran las mismas que le resultaban destacadas en su padre, quien había fallecido unos 15 años antes del momento de la consulta.

De pronto, María Herminia comenzó a llorar por su padre. Disculpándose por el llanto, me explicaba que cada vez que lo recordaba le inundaba una fuerte sensación de vacío y de añoranza, por lo que evitaba hablar de él.

Extrañamente, esta mujer no había hecho duelo. En cuanto su padre murió (tras una larga enfermedad), ella se sumergió en actividades y relaciones continuas "pues la vida continúa". Sin embargo, el duelo también continuaba atorado en alguna parte de su alma.

Luego de haber admitido la pérdida de su padre, con el correspondiente duelo y rituales de cierre, María Herminia reconoció que "ningún hombre podría ser como su padre", por lo cual dejaría de buscando en la pareja con la que se relacionaba.

Del trabajo de Bert Hellinger con sus *Constelaciones familiares* tomé el siguiente ejercicio, el cual modifico ligeramente:

Imagínate a tus padres detrás de ti, con sus manos en tus hombros. Imagínatelos diciéndote que están allí para apoyarte de la única manera que saben hacerlo. Diles lo que sientes por ellos, agradeciéndoles lo bueno y lo malo, puesto que después de todo, te sirvió para ser quién eres. Diles que de ahora en adelante harás las cosas a tu manera y riesgo, y, aún así, seguirás vinculado a ellos por siempre. Experimenta tus emociones.

Ejercicios

1. Haga una lista de las formas como sus padres o figuras parentales le animaban con sus intereses e inclinaciones.
2. Elabore una lista del modo como trataban de corregirlo.
3. Diseñe una lista de las características más resaltantes de sus padres y tome conciencia de cuáles ha hecho suyas, cuáles le gustan y cuáles detesta.
4. Elija algunas características, anécdotas y momentos con los que quiere quedarse y que le sirvan para celebrar su existencia y formas de autosustentación.
5. De haber tenido padres destructivos, ausentes o amenazantes, apóyese en otras figuras parentales que puedan servirle para internalizar mejores estrategias y recursos de autosustentación.

Me gustaría terminar esta sección con algo que recuerdo de un taller sobre constelaciones familiares de Bert Hellinger:

> *Los padres, lo son por el simple y trascendental hecho de generar un hijo. Por lo tanto no hay buenos y malos padres. Solo hay padres. Los hijos, tomándolo todo de ellos, tienen la libertad de elegir qué van a hacer con lo que tomen.*

Imagina a tus padres delante de ti y haz una reverencia profunda y humilde a su existencia (sin importar lo bien o mal que lo hayan hecho), pues existes gracias a la vida que te dieron (más allá de si desearon o no hacerlo). De acuerdo a lo que sirva para tu caso, puedes expresarles algunas frases que aprendí de constelaciones familiares:

—Les doy la honra a través de un espacio amoroso en mi corazón.
—Les pertenezco. Soy igual a ti...
—Bendíganme y mírenme con cariño si decido hacer las cosas de manera diferente.
—Lo que haya pasado entre ustedes, no es asunto mío. Yo solo soy su hijo.
—Te tengo mucha rabia por lo que hiciste. Ahora te dejo en paz.

—He recibido mucho y es suficiente. Ahora yo haré el resto.

Nuestros hermanos, nuestros iguales

Las primeras relaciones horizontales –es decir, de igual a igual– suelen ser nuestros hermanos. Asimismo, los primos pueden enriquecer esta experiencia de hermandad.

A pesar de que la relación de hermanos permite descubrir la envidia, la competencia y el poder, también facilita desarrollarnos en la solidaridad, la cooperatividad, la compasión, el compartir y la igualdad. Luego de nuestros padres, nuestros hermanos también contribuirán a desarrollar nuestra confianza, calidez y el secreto compartido que influirá en nuestra experiencia de la intimidad.

Uno de los temas más recurrentes en la consulta de la autora, al referirse a la relación de hermanos, suele ser el conflicto creado por los roles conferidos por los padres a los hermanos. Por lo general, en el sistema familiar, cada miembro tiene un rol complementario al de los demás miembros del sistema y se refuerza o debilita de acuerdo con su exageración. Igualmente, la dinámica del sistema familiar consta de alianzas, rivalidades, competencias y manejos del poder. Por ejemplo, el hermano o hermana que funge de *padre sustituto* suele vivir separado del resto de sus hermanos, pues siente que no es querido o aceptado como un igual; sin embargo, desde este rol hace cosas y se conduce de manera que los hermanos se relacionen como "menos capaces y necesitados de aprobación".

Por lo común, esos roles fueron reforzados, si no elegidos, por los mismos padres. La madre sola suele apoyarse en el hijo mayor o más cercano emocionalmente a ella, a quien convierte en el padre sustituto y en el hombre de la casa.

En el caso del padre que se apoya en la hija y la exalta, ésta será una copia de él y la mujer que dirige y decide en sus hermanos y que hasta tiene más poder que su madre en las decisiones de la familia.

En el caso de los hermanos menores o hermanos que viven como inferiores o sometidos de los mayores, aquéllos suelen quejarse de no sentirse validados y necesitados de aprobación, pero al no obtenerla reaccionan con resentimiento hacia los más capaces o mayores. Al mismo tiempo, su sensación de inseguridad se mantiene cubierta en esa necesidad de apoyo constante o de aprobación incondicional.

Como hermanos más pequeños, las personas suelen sentir que nunca tienen la suficiente experiencia para independizarse emocionalmente, o que son sometidos por los demás e incluso, si fuera el caso, viven como el privilegiado a quien no se le exige y se le da todo.

Cualquiera que sea el caso, cuando los hermanos viven en el resentimiento, la inseguridad o en la guerra de poder, entorpecen la relación afectiva y el desenvolvimiento afectivo del sistema.

Para Alfred Adler, terapeuta y especialista de la conducta, las personas desarrollan determinadas actitudes y conductas según su posición en el orden de nacimiento que tengan en la familia. De acuerdo con las observaciones de dicho profesional, los estilos típicos serían: los primogénitos, los hijos de en medio y los benjamines; además, señaló características del hijo único y de los hijos gemelos. Cualquiera que sea el caso, cuando la relación de hermanos es tensa o complicada, se trata del manejo que los padres y la cultura a la que pertenece la familia han configurado en los hijos. Por ejemplo:

Recuerdo el caso de dos hermanos de 3 y 5 años de edad en la escuela donde trabajaba como orientadora escolar. Miriam (de 5 años) y Alejandro (de 3) acudían a sus respectivos niveles del grado preescolar.

La maestra de Miriam acudió al departamento de orientación porque notaba que la niña no participaba en los juegos en conjunto con otros niños; además, se mostraba introvertida, triste y enojada la mayor parte del tiempo. Sin embargo, jugaba con los niños menores en un rol maternal. Entonces decidimos citar a la madre, para saber si había notado algo en su pequeña.

Efectivamente, la madre reportó que la niña no participaba en las piñatas y que por lo general se mostraba llorosa, sin motivo aparente. Revisamos diversos elementos que pudieran entorpecer o afectar el desarrollo feliz de la niña, pero parecía que no había algo significativo. A su vez, Alejandro, el hermano menor, parecía desenvolverse de manera diferente: se mostraba extrovertido, osado, comunicativo y hasta mandón con los niños de su grupo. Ante ello, programamos una cita de la madre con la niña y otra en la que también estaría Alejandro.

Mientras los niños jugaban y yo pedía a su madre que esperara unos instantes, pues estaba "ocupada" (en realidad daba tiempo y espacio para que ellos se relacionaran como solían hacerlo), observé que Alejandro gozaba de toda la confianza de la madre, así como de permisos, a la vez que Miriam era exageradamente protegida y dirigida. Además, Alejandro era muy bien parecido, mientras que Miriam era una niña linda pero no llamativa. Al entrar otras maestras al salón donde nos encontrábamos, noté que todas se dirigían a saludar y celebrar a Alejandro. La madre también lo notó y me dijo que eso era lo típico con las personas que conformaban la familia, los amigos y hasta los desconocidos.

Aparte de esa observación y de otros estudios aplicados, concluí que Miriam se encontraba relegada en su rol de hermana mayor y que su hermano ocupaba el lugar privilegiado de ser el menor y el mayor simultáneamente. Por tanto, Miriam no era la mayor pues se le protegía y controlaba más que a Alejandro, ni la menor, porque, además de no serlo cronológicamente, no disfrutaba los beneficios y consideraciones de un niño de tres años.

Las recomendaciones para la madre y la familia fueron: dar a Miriam más espacio para desenvolverse, evitando el control y la sobreprotección, así como concederle reconocimiento y halagos por ser quién era y por lo que lograba, al tiempo de sugerir poner límites a algunas conductas inadecuadas a Alejandro, reforzando la obligación de respetar a su hermana. De esta manera, era equilibrada la atención de la familia al favorecer a ambos niños.

En los jóvenes y los adultos, la tensión o discordia en la relación entre hermanos es un claro indicador de que urge un cierre en la forma de relacionarse, para ajustarse y plantearse una mejor manera de interacción. Para ello, como en todos los casos, el cierre implicaría elaborar de forma conjunta los rasgos y anécdotas positivas de la relación, la expresión del afecto y de las conductas que nutren la relación, así como lo que no resulta gratificante. Todo ello debe ser en un entorno de respeto y de escucha activa que permita, al mismo tiempo, la decisión de responsabilizarse por la cuota de malestar que cada quien haya aportado.

Con el paso de los años, muchos hermanos se han visto atrapados en el malestar generado por las asimetrías de poder y por mal entendidos comunicacionales, al grado de que a veces llegan a alejarse física y emocionalmente y hasta niegan el vínculo de hermandad.

Nadie quiere dar el primer paso, no tanto por no dar su brazo a torcer, sino por miedo a tener que someterse al poder y rechazos del otro. Los asuntos inconclusos se acumulan en el interior de cada quien, y de la fantasía que tengamos en la mente y en el corazón, vivimos el conflicto de manera abierta o encubierta.

Las relaciones de pareja con los hijos, compañeros de trabajo y los amigos puede reflejar los asuntos inconclusos que tenemos pendientes con nuestros hermanos. Al respecto, es posible que si la rivalidad y la competencia no fue resuelta en la relación de hermanos, éstas sean transferidas a las demás relaciones. Es oportuno narrar lo siguiente:

> Martín, abuelo de 10 niños, se quejaba de que su segundo nieto (de 13 años) era indomable, irrespetuoso e inmaduro, lo cual le ocasionaba una impotencia (ira y miedo) en su intento de criarlo para convertirse en un "hombre de bien" en el futuro.
>
> En la familia se habían creado alianzas a favor y en contra de la manera como el abuelo trataba a su nieto. Para unos, tenía razón el abuelo de salirse de sus casillas, pero para otros el niño era víctima del maltratador.
>
> Indistintamente de los diversos elementos que intervenían en esa dinámica familiar (que no vienen al caso), una información importante era que para Martín, como el hermano mayor en su familia, siempre había tenido mala relación con su segundo hermano.

En un ejercicio de Gestalt, en el cual se pidió a Martín que hablara con su nieto, descubrió que las expresiones que utilizaba y la ira generada eran idénticas a las que habían caracterizado su relación con su hermano. Curiosamente, Martín nunca pudo expresar su rabia al hermano porque el padre de éstos no toleraba conflictos en la familia.

Era impresionante ver a Martín y a su nieto interactuando como dos niños por tener la razón.

Es importante, entonces, que como adultos nos responsabilicemos de nuestro rol y de nuestras elecciones y consecuencias, así como proponer nuevos límites y formas de encuentro, además de reforzar la relación para que ésta, en la medida en que sus miembros sean adultos, pueda estrecharse y asentarse en bases más funcionales, auténticas y amorosas.

En el caso de la muerte de un hermano, es importante entrar en contacto con nuestros sentimientos más profundos hasta darles voz, para así escuchar lo que no fue dicho o aquello que no comprendimos de nosotros, de nuestro hermano o de nuestra relación con él. De acuerdo con la cultura y las costumbres familiares, éste será un paso más o menos difícil: en las familias en las que la expresión del afecto es manifestada directa y auténticamente por medio de contactos físicos y verbales de lo que sentimos y pensamos será más fácil concluir nuestros procesos de duelo.

En las personas que provengan de familias distantes emocionalmente o de familias que no suelen verbalizar o dar forma al afecto y más bien intentan cubrir el sentimiento con regalos u otras maneras rebuscadas e indirectas, los duelos serán más largos, silenciosos y difíciles, en caso de que haya asuntos inconclusos en la relación.

Ejercicios

1. Revise si en alguna de sus relaciones (pareja, familia, amigos, trabajo) está atorado en un problema acerca de quién tiene la razón, quién puede más y quién detenta el poder.

2. Analice que lo motiva a leer este libro y descubra si se siente obligado a cuidar de los demás, si experimenta la sensación de nunca saber

lo suficiente o de necesitar continuamente la aprobación de sus iguales, o si siente que está en tierra de nadie.

3. A la hora de compartir o convivir con los demás, ¿qué refleja o repite de su vida familiar con sus hermanos?
4. ¿Qué aspectos positivos de su relación con sus hermanos o el hecho de ser hijo único transfiere a sus otras relaciones con sus iguales?
5. ¿Qué aspectos inadecuados o conflictivos con los hermanos o con el hecho de ser hijo único transfiere a sus relaciones con sus iguales?

Nuestros amigos y vecinos: familias elegidas

Cuando os separéis de un amigo, no sufráis: porque lo que más amáis en él se aclarará en su ausencia, como la montaña es más clara desde el llano para el montañés.

GIBRAN KHALIL GIBRAN *El profeta*

La amistad íntima o estrecha, a diferencia de la casual, está relacionada con la confianza o capacidad para depender del otro, en la que existe y se construye una historia en común, son compartidos intereses y hay comprensión mutua. En la amistad íntima compartimos tanto la habilidad para hablar abiertamente de los pensamientos y las emociones íntimas, como secretos de manera exclusiva de las demás personas.

En ese sentido, podemos hacer una distinción entre *soledad social* y *soledad emocional*. La primera es resultado de la falta o pérdida de amistades, y la segunda generada por falta o pérdida de relaciones de intimidad, como la amistad estrecha.

Las personas tienen amistades como una manera de desarrollar salud y bienestar mental y físico. Al respecto, ha sido demostrado que aquellos niños entre tres y 10 años de edad, con amigos cercanos, poseen una autoestima mejor y pueden desarrollar mejores amistades íntimas en su vida como adultos que quienes no poseen dichas amistades.

Las promesas explícitas o tácitas que nos hacemos durante la adolescencia intentan perpetuar el vínculo que nos proporcionaba seguridad e incondicionalidad a toda costa; sin embargo, esta forma de amistad tiene mucho de idealismo romántico, por lo que resulta utópica, pues nadie puede ser incondicional. En algún momento y circunstancia, mi amigo no estará de ánimo, o no podrá hallarse donde lo necesito.

En la adolescencia, la amistad sirve para practicar la intimidad del secreto compartido, el apoyo solidario, la compañía en la soledad, el cómplice parcializado a nuestro favor. La amistad tiene mucho de hermandad, de equipo, de apoyo y protección mutuos, por lo que las relaciones entre los padres y entre hermanos puede influir en la forma como nos relacionamos con la amistad. Igualmente, la manera de establecer la amistad y cómo fuimos tratados por los amigos en la infancia y la adolescencia determinan en gran medida cómo haremos dichos vínculos en la adultez.

En la edad adulta vemos con envidia aquellos sueños y promesas adolescentes de eternidad compartida, a medida que nos desencantamos y decepcionamos de los demás. Es como terminar con el sueño de Santa Claus o de los cuentos de hadas y enfrentar la realidad: las personas nos encontramos, recorremos un trecho de nuestra vida en conjunto y nos separamos para lograr los objetivos, *mantener los valores y satisfacer las necesidades que dan sentido a nuestra vida.*

Cuando nuestras expectativas sobre los demás, en cuanto a su capacidad para ser amigos, resultan demasiado altas o inadecuadas a las limitaciones y condiciones que deseamos, corremos el riesgo de elegir quedarnos solos.

Mediante los grandes y pequeños desencantos y sus respectivos traumas y heridas, vamos limitándonos y alejándonos. Para algunos, la decisión quizá sea aislarse, desconfiar y no querer conocer y frecuentar a nuevas personas, total: "todos terminan por mostrar interés". En realidad, todos estamos juntos por interés, sea por un bien común y mutuo o por intereses individuales, por ideales o apariencias, por semejanzas o diferencias, por conveniencia o venganza, por defensa o ataque, por ejemplo: estoy con mi amigo porque su malestar me sirve para ayudarlo o porque su bienestar me sirve para ayudarme. El problema no es el interés, sino pretender que no existe.

El problema no reside en tener expectativas, sino que éstas no correspondan la realidad del otro. De alguna manera, las personas seguimos juntas hasta que la relación y sus beneficios nos satisfagan. En la vida adulta de seguro tendremos amigos íntimos: quizá nos acompañan desde la infancia, o tal vez surjan en el camino de la adultez o posiblemente ya no tenga amigos íntimos. De todas formas, lo usual es que los íntimos no sean muchos.

Ahora bien, no contar con muchos amigos íntimos puede tentarnos a creer que no hay posibilidades para relacionarnos satisfactoriamente en otros parámetros. Por ello, cabe decir que el mundo es un zoológico, –hablando metafóricamente–, pues está repleto y hasta sobrepoblado de gente con diversas características, fortalezas, bondades, aportes y visiones de vida con las cuales podemos nutrirnos y nutrir.

La amistad, entonces, es un vínculo circunstancial que nos permite asomarnos a otras realidades y, por tanto, ampliar nuestras opciones. Visto así, entendemos que ante la posibilidad de una ruptura o de un alejamiento físico, las personas podemos experimentar la amenaza de un cierre definitivo o de una transición del vínculo. En este sentido, es oportuno señalar lo siguiente:

Durante muchos años, Verónica, una atractiva mujer de 40 años, experimentaba un sentimiento de abandono e indiferencia por parte de dos amigas íntimas.

La dinámica de su relación con ellas consistía en que Verónica era la que llamaba, invitaba y visitaba a sus amigas, mientras éstas rara vez correspondían.

Verónica recordaba que estas amigas habían estado muy cerca de ella en un momento difícil de su vida; sin embargo, en cuanto ella superó sus problemas, surgieron elementos que facilitaron un repentino éxito económico y profesional de Verónica, por lo que se decidió a realizar una pequeña reunión para brindar por su bienestar y por el de sus amigas, como una forma de agradecimiento; sin embargo, ésa fue la última vez que sus amigas la acompañaron.

Luego de un duelo muy difícil, Verónica concluyó que los amigos son descubiertos no sólo en los momentos difíciles, sino también en los de alegría.

Habrá personas dispuestas a acompañarnos en la oscuridad y otras en la luz, y hasta quizá encontremos personas dispuestas a compartir en ambas situaciones. Mientras tanto, la amistad, de no ser íntima, también puede aportarnos otro tipo de experiencia y de personas: amigos para divertirnos, para orar, para aconsejarnos, para consolarnos, para retarnos, o para apoyarnos social y profesionalmente.

Los compañeros de estudio y de trabajo, los del gimnasio, los del grupo de oración, los de temas banales... todos ellos toman y dejan algo en nuestra historia personal. La importancia de unos u otros dependerá de nuestro interés y necesidad, de nuestro afecto y grado de compromiso y de nuestras ganas de profundizar o no en dicha relación.

No somos perfectos y en el camino dejamos huellas de malestar en algunos amigos. Si con el tiempo nos damos cuenta de que ellos valían la pena y ameritan nuestra confianza y amor, será necesario que sepamos retomar la relación a partir de una conversación en la que impere nuestra intención de reconciliarnos por encima de cualquier malentendido o acusación.

Pedir excusas por lo que no salió bien o abrir el compás para iniciar una nueva etapa en la relación no garantiza que las cosas serán iguales que antes... y menos mal, pues si lo retomamos igual que antes, seguramente volveremos a caer en los mismos errores.

Lo importante de reiniciar una relación amistosa es la posibilidad de que nuestra madurez y experiencia se sumen al afecto y a la vivencia de pérdida que ocurrió en dicha relación. Con todo ello, seguramente las partes harán lo mejor para andar juntas, sabiendo y aceptando de manera mucho más realista, con qué cuentan para ello. Cualquiera que sea nuestra decisión (seguir, replantearnos o terminar una relación), lo importante es que nos autosustentemos en los aprendizajes obtenidos y en nuestra disposición para hacerlo lo mejor posible.

Ejercicios

1. Si tiene conflicto o tensiones con algún amigo, antes de conversar con él tome unos minutos e imagine una conversación en la que le exprese su miedo o desagrado, a partir de expresarle su afecto y cómo se siente usted al respecto.

   Luego, describa las conductas observables que pueden causar el conflicto o el alejamiento y explique cuáles consecuencias ocasionan.

   Plantee su necesidad de solucionar las cosas, invitándolo a generar con usted posibles alternativas de solución.

2. En caso de que su amigo o usted estén por cambiar algo importante en la vida particular de uno o de los dos (a lo mejor se casan, o se mudan, o tienen hijos, etcétera), invítelo a cerrar la forma como solían relacionarse y a plantearse las nuevas estrategias de encuentro, para garantizar el afecto y la continuidad en la calidad de la relación.

3. En caso de que el lector tenga que terminar definitivamente una amistad, ya sea por muerte o por decisión, tome unos instantes para recordar los buenos momentos, los aprendizajes que la relación le facilitó, lo que no salió bien, los errores que cometió con él o con usted mismo y sus nuevas decisiones respecto a la amistad, y haga un ritual de cierre que le conforte.

Nuestra pareja: la síntesis

La sola posibilidad de ruptura en una relación suele ser dolorosa o traumática; por lo general, puede conllevar dolor, ira, miedo o desolación. A veces ese tiempo difícil, se convierte en un vía crucis o tormento que lleva al individuo no sólo a estancarse en largos períodos de depresión, rencor y obsesión, sino también a insistir en volver o salvar la relación a pesar de que es dañino y destructivo hacerlo.

Cuando la persona experimenta esa intensa necesidad de aferrarse a la pareja a costa de su bienestar, revela que de alguna manera ha colocado en el otro todo su valor y esperanza. En su estupendo libro *¿Amar o depender?*, Walter Riso describe de manera sencilla y profunda cómo las personas solemos identificar la seguridad, la protección, la estabilidad, y el propio valor en la pareja. Por tanto, establecemos una atadura o apego a la pareja, porque hemos vivimos incapacitados para desarrollar en nosotros tales aspectos.

Igualmente, Howard Halpern, otro autor, señala que el apego que nos dificulta terminar una relación es reproducción fiel del apego básico que vivimos como bebés en referencia a nuestras figuras paternas, en especial con nuestra madre. Dado que cuando nacemos somos seres totalmente indefensos, vulnerables e incapaces de arreglárnoslas por sí mismos, establecemos un vínculo de absoluta dependencia, pues toda nuestra existencia física, mental y emocional se ve atendida por nuestra madre.

Asimismo, el vínculo posesivo que desarrollamos con nuestra pareja en la vida adulta, está constituida no sólo por el deseo de tener a la fuente de placer, seguridad y protección bajo nuestro control, sino también por miedo, ante la posibilidad de perder dicha fuente, y la ira de que no seamos abastecidos en nuestras necesidades.

Si de niños fuimos bendecidos por la mejor de las madres, seguramente tendremos un manejo más apropiado de la relación con nuestra pareja, en caso de que nuestra madre haya sabido darnos todo en el momento justo y de la manera apropiada, incluso la posibilidad de frustrarnos la asistencia, de modo tal que hayamos tenido la oportunidad de contar con nuestros recursos y desarrollarlos paulatinamente.

Sin embargo, esa madre no existe, pues no habrá tenido poderes extraordinarios de telepatía para saber lo justo para cada uno de sus hijos. Lo más probable es que por muy bien que lo haya hecho, en algún momento se distrajo en sus propios asuntos. Quizá no estuvo, o no nos escuchó a tiempo, o no supo hacerse entender el primer día que nos dejó en la escuela, por lo cual pensamos que nos abandonaba. Por tanto, transferiremos a nuestra relación de pareja la sensación del abandono y terminaremos por buscar parejas abandonantes o que podamos abandonar antes de revivir el terror de ser dejados.

Dicha madre quizá estuvo demasiado cerca o presente y nos controló mucho porque quiso darnos una vida con experiencias hechas. Seguramente llevaremos esta experiencia a nuestra pareja y viviremos marcando la distancia, usaremos la indiferencia como límite o, por el contrario, reproduciremos a nuestra madre en la relación de pareja, tratando de pensar por ella, decidir por ella, lo controlaremos todo y terminaremos con una sensación de que no hemos sido tratados justamente, de que no nos han amado o de que estamos siendo asfixiados.

Cuando nos hallamos frente a una ruptura de pareja, se levantan todos nuestros fantasmas del pasado y lo mejor es conocerlos para no caer en sus demandas de dependencia. Al no saber terminar una relación de pareja que ya no tiene vida ni posibilidades, las personas dependientes, demasiado asustadas o incapaces de autosustentarse suelen sentir que sin la pareja no podrán seguir adelante y que sin esa persona no podrán vivir seguras, aunque la relación sea destructiva y dolorosa.

La persona incapaz de autosustentarse emocionalmente se siente vacía, desprotegida e inválida. El malestar se hace tan insoportable que preferirá seguir en una relación dolorosa o por lo menos vacía, antes que imaginar su vida sin esa pareja. En última instancia, aunque termine con la relación, seguirá trasladando su dependencia a otras relaciones repitiendo y reviviendo una situación inconclusa: la relación básica con su madre.

En el caso de los niños, cuando éstos deseen algo de su madre, utilizarán varios medios para lograrlo. Algunos lloraran para infundir compasión y al lograr su objetivo más de una vez, habrán encontrado una forma de manipular a los demás para conseguir su satisfacción.

Otros lo harán desde el berrinche amenazador, por ejemplo: "Dame la chupeta ahora o no te quiero!", o patalear y golpear puede dar resultado. Y cuando descubra que la madre cede en sus peticiones para no enfrentarse a él, tendrá la fórmula de sobrevivencia para su futuro. Asimismo, existen los niños que saben encantar, seducir y convencer..., de modo que la madre se deja seducir y proporciona lo que el niño pide. Así, cuando adultos (por lo menos en edad cronológica física) al relacionarnos con la pareja, seguramente reviviremos la manera como nos vinculamos con nuestra madre y utilizaremos las mismas armas.

Cuando consigamos a alguien con la patología complementaria (yo niño, tú madre), tendremos el vínculo garantizado, aunque sea a costa de sus miembros. No sabremos cómo convivir, pero tampoco vivir sin el otro. Con cada vez mayores cuotas de dolor viviremos el conflicto diariamente con el sueño de poder cambiar al otro, hasta agotarnos y tener que terminar con la relación y con la pareja.

La falsa expectativa surge como una promesa. El problema era el otro, así que la próxima pareja ha de ser diferente; sin embargo, si no capitalizamos al terminar la relación, es decir, si no aprendemos de la relación, si no viajamos al banco de datos del pasado y revisamos nuestra forma de vincularnos con nuestros padres y otros vínculos significativos, seguramente repetiremos la entrada al círculo vicioso, al laberinto del minotauro.

Cuando aprendemos a autosustentarnos, podemos establecer relaciones más sanas y felices, así como a finalizar a tiempo y en mejores términos otras relaciones afectivas. Al respecto, Gibran Jalil Gibran, en su obra El profeta, describe la relación de pareja en términos de la autosustentación o, como diría Jorge Bucay, la autodependencia:

> Llenaos uno al otro vuestras copas, pero no bebáis de una sola copa.
> Daos el uno al otro de vuestro pan, pero no comáis del mismo trozo.
> Cantad y bailad juntos y estad alegres, pero que cada uno de vosotros sea independiente.
> Las cuerdas de un laúd están solas, aunque tiemblen con la misma música.
> Dad vuestro corazón, pero no para que vuestro compañero lo tenga.

Porque sólo la mano de la vida puede contener los corazones.
Y estad juntos, pero no demasiado.
Porque los pilares del templo están aparte
Y ni el roble crece bajo la sombra del ciprés, ni el ciprés bajo
la sombra del roble.

Por ejemplo:

Ana María tenía varios años en una relación de muchas desventajas. A pesar de que su pareja llenaba las necesidades económicas de la casa, era indiferente, solía dejarla sola los fines de semana, evitaba comunicarse y tenía otras mujeres.

Luego de varios intentos de convencer a su pareja de mejorar la relación, de sincerarse, etcétera, Ana María se sentía cada vez más frustrada. A pesar de que se sentía sola, triste y maltratada, insistía en cambiar a su pareja. Leía las cartas, los caracoles, libros de autoayuda e iba a terapia Hasta logró convencer a su esposo de ir a un retiro conyugal de tres días, pero él decidió marcharse al segundo día.

Ana María decidió separarse, pero cada una de las tres veces que lo intentó volvía con la esperanza de que todo cambiaría... sin embargo, las cosas seguían siendo insoportables.

Finalmente, su pareja la dejó y ella... colapsó. Durante meses estuvo deprimida, culpándose a veces y otras a su pareja y se obsesionaba con la idea de volver y de vengarse. Su vida social fue deteriorándose, debido a que su malestar continuo le impedía interactuar con las personas, su pensamiento hacia el futuro era "negro" y no lograba imaginar los días sin su pareja. De vez en cuando se entusiasmaba con la fantasía de que todo podría mejorar y entonces lo llamaba... para decepcionarse o sentirse lastimada otra vez.

Con el tiempo, Ana María llegó a convertirse en un manojo de ansiedad y depresión, con ideas confusas y se sentía abandonada, traicionada e incapaz de salir del hueco oscuro, como ella lo llamaba. Incluso había desarrollado una vida llena de rituales que le reforzaban su malestar, a saber:

- Se aislaba.
- Repasaba los mismos pensamientos destructivos.
- Hablaba siempre del mismo tema.

- Se sentaba en el mismo sofá a la misma hora para mirar el mismo techo y recordar lo infeliz que era.
- Dejó de atender su cuidado personal.
- Se miraba al espejo para hacer el inventario de todos sus defectos.

En definitiva, Ana María había dejado su poder personal, su valía y sus necesidades en manos de su pareja, de modo que al perderla quedó tan vulnerable y desvalida como un bebé que depende totalmente de la madre para vivir.

La conclusión es la siguiente: cuando la persona llega a estancarse en un malestar insoportable que le impide reorganizar su vida, imaginar un futuro mejor y conectarse con su poder personal, vive la misma dependencia de cuando era niña y todo lo manejaba su madre, pues todo dependía de ella.

Cuando no somos capaces de tomar la vida en nuestras manos, nos convertimos en un barquito débil que es llevado por la marea y las tormentas a estrellarse contra los riscos. Si la desesperación por la ruptura de la relación de pareja no la convertimos en una actitud activa y responsablemente para dirigir nuestra vida hacia escenarios esperanzadores o metas satisfactorias, nos haremos daño con conductas destructivas.

Y ahora ¿qué hacemos con todo esto?, ¿cómo podemos salir de ese estado depresivo, rencoroso o ansioso ante la posibilidad de terminar definitivamente una relación tóxica de pareja? Lo primero es concientizar los pensamientos y emociones que surgen en medio de la crisis o por lo menos en el malestar más agudo. Seguramente algunos de ellos se parecen a:

- No voy a poder seguir adelante sin mi pareja.
- No aguanto este vacío, mejor lo llamo.
- No soy lo suficientemente buena para cambiarlo, enamorarlo o retenerlo.
- La culpa la tiene "la otra".
- No existe futuro sin esa pareja o el futuro sin esa pareja es negro.
- No puedo salir de este hueco, de modo que él tiene que ayudarme,

- Mi vida es un desastre y yo soy el problema.

Cuando logremos concientizar la manera cómo pensamos y nos tratamos en esos momentos, además de cómo deseamos ser tratados o asistidos, estaremos más cerca de tener control de esos hábitos mentales y poder verlos cuando comienzan a dispararse para tomar cartas en el asunto.

Auto-sustentarnos es identificar nuestras expectativas no satisfechas, aquello que pensamos que el otro puede hacer por nosotros y nosotros no. Posiblemente descubramos que tenemos grandes tareas por delante, en vez de problemas. Quizá nuestra tarea o desafío personal sea aprender a auto-sustentarnos económicamente o, a lo mejor, a generarnos nuestra seguridad, alegría y compañía. En tal punto será útil reescribir nuestra historia en los términos propuestos en este libro, buscar nuestras herencias, desenmascarar nuestros fantasmas, aprender a escucharlos, capitalizar cómo no se hace y rescatar lo que sirve o sirvió.

Ante la ruptura o pérdida definitiva de una pareja o ser querido, es importante rescatar los buenos recuerdos y los momentos preciosos que vivimos juntos, validando lo que funcionó y lo que fue amoroso. Esto es es parte vital de nuestra historia. Por muy poco que haya sido lo bueno en una relación, vale la pena atesorarlo en el espacio histórico de nuestra vida para saborearlo cada vez que lo necesitemos, con el fin de que nos sirva de referencia para trasladarlo a la próxima relación, o para sentirnos orgullosos de habernos dado esa oportunidad.

No estoy de acuerdo con las personas que insisten en olvidar, ignorar o anular lo bueno que vivieron en una relación, para no sufrir, pues, a pesar de ello, sufren.

Lo que nos hace sufrir es ver a dichos recuerdos como objetos muertos y no como índices de lo que valida nuestra vida, lo que celebra lo vivido, lo que valió la pena vivir y por lo que estuvimos dispuestos a sacrificar.

Lo que nos apega a una relación terminada o por terminar es pensar que podamos perder lo vivido.

Al respecto, cuántas veces hemos escuchado: "¿Cómo voy a separarme si he vivido 20 años con esa persona, cómo voy a botar esos años?" Esa sensación de borrar o desaparecer de nuestra existencia alguna porción de la historia nos deja mutilados e incompletos. Por ello, es importante recuperar todos los fragmentos de la vivencia y capitalizarlos para sentirnos enriquecidos, nutridos y crecidos con la historia que llevamos dentro.

Hay un dicho que es fascinante recordar: "nadie nos quita lo bailado"; en efecto nadie puede quitarnos la historia, porque es nuestra, nos guste o no, y puede servirnos, si lo deseamos o no.

Agradezco lo que sucedió en esta relación. Tomo lo bueno y lo que no fue tan bueno como material de crecimiento y sabiduría. Te dejo que tomes lo que te dejé y que elijas lo que harás con ello.

Yo hago lo mío, y tú haces lo tuyo.
No estoy en este mundo para llenar tus expectativas,
y no estás en este mundo para llenar las mías.
Tú eres tú y yo soy yo,
Y si por casualidad nos encontramos, es hermoso.
Si no, no hay nada que hacer.

FRITZ PERLS

Ejercicios

1. Periódicamente revise junto con su pareja lo que suelen hacer que contribuye a la calidad de la relación, así como lo que la perjudica o la desgastan.

2. Igualmente, revisen sus necesidades y expectativas. Es necesario dejar la vergüenza, el miedo al rechazo o a la crítica y la manipulación para llegar a acuerdos de ganar-ganar.

3. Plantéense nuevos escenarios o pautas, lo cual puede ser algo tan simple como plantearse quién elegirá la película de los sábados o cambiar el lugar de residencia a otro país.

4. Plantéense los miedos, los corajes, los deseos, las decepciones, los sueños y la admiración que se tienen, sin querer modificar al otro, sino como ejercicio de escucha y respeto.

5. Cuando la relación, a pesar de haberlo intentado todo, da señales de no ser replanteada, será importante reconocer mutuamente los errores y los aciertos, para luego plantearse las nuevas reglas de la nueva

relación (ser amigos, compañeros, padres de los hijos en común, etcétera) o de cierre definitivo (declaración del deseo de no continuar viéndose o tratándose, para evitar herirse mutuamente).

6. Si la relación termina, ya sea por separación o por muerte, es recomendable considerar lo siguiente:

- Qué significó esta persona para mí.
- Para qué me sirvió esta relación.
- Qué aprendí sobre mí y sobre la relación de pareja.
- Qué nuevas decisiones son necesarias para no recaer en las mismas fallas.
- Qué me llevo de positivo para repetirlo en mi próxima relación.
- Qué decido recordar de la relación y cómo elijo recordarla.
- Determinar mi forma de duelo (con quién cuento para sentirme apoyado, qué actividades realizaré o qué tiempo me tomaré para procesar la separación, etcétera).

7. Al darse cuenta de algún error cometido, o de alguna acción que haya herido y decepcionado a su pareja, no caiga en la tentación de pedirle que le perdone (eso le agrega más peso y tarea a la pareja ofendida o herida). En vez de ello, reconozca humildemente su falla y pídale que le describa cómo compensar el dolor infringido.

Nuestros hijos, nuestros sueños

Vuestros hijos no son hijos vuestros.
Son los hijos y las hijas de la vida, deseosa de sí misma.
Vienen a través vuestro, pero no vienen de vosotros.

GIBRAN JALIL GIBRAN, *El profeta*

Aunque los amemos más que a nosotros, aunque nos duela su dolor, nos inquieten sus inquietudes y los queramos proteger por siempre, la verdad es que los hijos, en cuanto salen del cuerpo de su madre, comienzan a separarse y a ser individuos distintos y diferenciados de sus padres. Es la ley de la vida, nos duela o no.

Sin embargo, en nuestros hijos colocamos todas nuestras esperanzas en que sigan el camino que imaginamos es el mejor para ellos. Después de todo, tenemos gran experiencia qué ofrecer, hemos recorrido muchos mares y montañas y sabemos dónde están los peligros y los atajos; no obstante, ellos tendrán que armar sus mapas, pues sus tierras no son las nuestras y sus tiempos tampoco. A pesar de que muchos así lo entendamos, seguramente hemos sentido cómo se nos encoge el corazón cuando los dejamos por primera vez a la puerta de la escuela. Esto no es muy diferente de cuando los dejamos a la puerta de la iglesia el día que se casan. Para los padres, dejarlos partir es experimentado como una pérdida desgarradora.

Existen marcas en el camino de la vida de una familia que indican la urgencia de reactualizar las transacciones o formas de interactuar entre sus miembros.

El primer cierre de ciclo de la pareja con hijos: la llegada del primer hijo

Para la pareja sin hijos, resulta feliz y estresante al mismo tiempo la llegada del primer hijo. Por mucho que se le haya deseado, este pequeño tercer elemento de la relación exige espacio, tiempo y atención en grandes cantidades. De ahí que la pareja y la familia experimenten un vértigo importante en su dinámica diaria.

Para muchas mujeres y para muchos hombres la feliz llegada del primer hijo es vivida con una mezcla de sentimientos intensos que van desde el gran entusiasmo y el enorme susto, hasta la gran alegría y la profunda preocupación.

Algunas madres, en especial las primerizas, experimentan una ambigüedad tremenda entre las expectativas de los sentimientos que creían iban a tener (el cuento del instinto de madre) y lo que realmente experimentan: limitación de tiempo y espacio, pérdida de independencia, sentimiento de ataduras, preocupación por la salud, el dinero, el futuro, y el terrible sentimiento de extrañeza o de ser ajena a ese niño que ahora está en sus brazos.

El proceso de aprender y entrenarse mutuamente en la relación niño-madre y niño-padre lleva tiempo y mucho apoyo emocional, económico y afectivo. No sólo el niño tiene que aprender el lenguaje de sus padres, sino que éstos deberán aprender el lenguaje del niño.

Mediante la propincuidad (roce e interacción continuos entre dos personas que crea y aumenta el afecto) podremos construir el amor mutuo, la confianza y los instintos maternales y paternales.

Así, para la pareja sin hijos, su primer cierre importante para modificar o ajustar su relación amorosa implica ponerse de acuerdo acerca de cómo se redistribuir las tareas domésticas, los tiempos de pareja, compartir con la familia de origen o reordenar de los valores individuales y comunes.

Segundo cierre de la pareja con hijos: los demás son más importantes

A medida que los niños crecen, descubren el mundo y a los demás. Una vez que el hogar es el sitio conocido, el mundo es entonces, el lugar de la aventura. Los amiguitos de juego y de colegio, la maestra, el policía, los héroes de la televisión (en la época de la autora eran los héroes de los cuentos), los artistas de moda... todos empiezan a tener más importancia.

Con el paso del tiempo, la necesidad de compartir con los demás está en contraposición con la necesidad de los padres de controlar, proteger y acompañar a sus hijos. Las tensiones pueden llegar a convertirse en conflictos que amenacen la estabilidad y la armonía familiar y de la pareja.

Cuando los hijos desplazan fuera del hogar la mayor parte de su energía, tiempo y espacio, los padres pueden sentirse abandonados y relegados en su función.

La adolescencia es un tiempo terrible para aquellos padres con dificultad para negociar los acuerdos, para mantener los límites y las sanciones y para establecer la incondicionalidad afectiva. La pareja con problemas graves puede utilizar este período para distraerse de su malestar y concentrarse en sus hijos. Es la excusa perfecta para seguir andando la carreta, a pesar de que las ruedas estén rompiéndose.

Las madres que dedicaron la mayor parte del tiempo a criar a sus hijos pueden volverse más dominantes y controladoras ante la posibilidad de que los hijos sean influidos por los demás y de que el mundo los trague y los devore. Posiblemente, parte de esa angustia se deba a que la madre ha dejado fuera su vida personal, profesional y afectiva, relegándose por completo y llenando todos sus vacíos con el rol de madre.

Más tarde, cuando es inevitable la cuenta regresiva de la partida de los hijos, surgirá el famoso "síndrome del abandono del nido". Por ejemplo:

Podéis darles vuestro amor, pero no vuestros pensamientos.

Porque ellos tienen sus propios pensamientos.

Podéis albergar sus cuerpos, pero no sus almas.

Porque sus almas habitan en la casa del mañana que vosotros no podéis visitar, ni siquiera en sueños.

Podéis esforzaros en ser como ellos, pero no busquéis hacerlos como vosotros.

En su consulta, la autora atiende con frecuencia a padres que sufren por los alejamientos o la disminución de las interacciones de sus hijos con ellos. El sentimiento de indiferencia, abandono y rechazo que experimentan suele ser síntoma de que los ajustes al amoldar la relación resultan poco efectivos o inadecuadamente manejados. Por ejemplo, en la temida y mal afamada adolescencia, los padres sobreprotectores, controladores y dominantes acostumbran resistirse a que sus hijos crezcan en términos de:

- Tener mayor actividad fuera de casa,
- Mostrar mayor interés en los vínculos ajenos a la familia.
- Tener necesidad de diferenciarse de la familia.
- Mostrar rebeldía ante las costumbres y normas.
- Tener necesidad de tiempo y espacio propios.
- Tender a experimentar lo opuesto a lo familiar o lo desconocido.

La desobediencia es vivida como desamor, mientras que la necesidad de espacio y tiempo propios, así como los nuevos intereses y la diferenciación son vividos como amenazas de que el joven pueda perderse en el mundo y el nexo con los padres verse deteriorado. Como consecuencia y, paradójicamente, esos padres suelen mostrarse rígidos en el afecto, el cual condicionan con un explícito o tácito "si me complaces te doy cariño", con lo cual los hijos se sienten manipulados y enojados y terminan por rebelarse al intento de control.

En esa etapa urge que los padres establezcan entre sí los nuevos acuerdos y las reglas de juego, para que los límites (que serán retados en la adolescencia) se mantengan firmes, y el afecto sea garantizado incondicionalmente.

Cuando los hijos están por terminar el bachillerato o la universidad o empiezan a trabajar, así como cuando comienzan a tener un noviazgo serio, aunque todavía vivan bajo el mismo techo de los padres, ya son individuos en vías de independizarse totalmente de sus padres, por lo menos en lo que se refiere a criterios, consejos, opiniones, tiempo compartido y hasta en lo económico. Por ejemplo:

Recuerdo que cuando mis hijos comenzaron a estudiar en la universidad se mostraban lejanos y molestos con mis acercamientos afectivos. Yo, por mi parte, me sentía totalmente desplazada. A veces les decía en forma de reclamo: "La gente me paga por mis consejos y ustedes ni siquiera me quieren escuchar".

Un día me di cuenta de que no entendía nada y que por mucho que quisiera mostrarles mi afecto, ellos seguían mostrándose distantes. Así que decidí destapar la olla y exponerles mi inquietud:

"Muchachos, no sé qué está pasando, pero cada vez que me acerco a ustedes o les expreso mi afecto, ustedes muestran rechazo: no me contestan, o lo hacen bruscamente, o me evitan, etc. Me doy cuenta de que *no sé cómo expresarles afecto de la manera que a ustedes les gustaría recibirlo.* Por lo tanto, me necesito que me ayuden a entender la situación. ¿Qué tal si me dan las instrucciones acerca de *cómo desean que les quiera?*"

Luego de una semana, cada uno de ellos me entregó una hermosísima carta con sus instrucciones. Descubrimos cosas muy importantes y aclaramos malos entendidos. Por ejemplo, mis hijos me pedían que les siguiera llamando a mi manera (sobrenombres inventados, totalmente cursis y ridículos), lo cual me llamó la atención porque creía que les molestaba.

"No, mamá, no nos molesta, nos gusta, pero te agradeceríamos mucho que no lo hagas en pleno automercado".

Vaya, aquí tenían razón. Para un joven de 22 años no resulta halagador que su madre le diga "Popetín" en frente de otros. A su vez, descubrí que a mi hija, de 24 años, le encantaba acostarse conmigo a ver la televisión conmigo y que criticáramos cuanta mujer bella apareciera y nos riéramos de nuestros comentarios (y yo no me había dado cuenta de eso).

La pareja, entonces, siente que la relación se le va de la mano y hasta experimenta la pérdida del nexo con los hijos. Este cambio es un verdadero duelo. El miedo a llegar a sentirse desplazados y excluidos es evidente en los reclamos de las salidas, en la sobreprotección y hasta en un apresurado reordenamiento de la pareja, en el que los hijos se consideran ajenos a la dinámica familiar.

La soledad, el vacío y la depresión suelen ser los síntomas típicos de esta etapa para la pareja, padres de los hijos que se van, pero también lo son la rutina, el hastío y el aburrimiento experimentado en la relación de pareja.

Luego de muchos años juntos, luchando por levantar y mantener un hogar o un nido para nuestros hijos, y después de múltiples proyectos y vaivenes y luego de tanto postergarnos, nos llega el espacio vacío para volver a encontrarnos; pero ¿somos los mismos? Los hijos eran una de esas fuerzas de cohesión externa que nos mantuvieron juntos a pesar de los mal entendidos, de las decepciones y de los momentos difíciles. Y quizá los proyectos comunes de tipo económico y social también estén alcanzados y no necesitemos dar tanta atención a los hijos.

Entonces... ¿qué hay de ti y de mí?

Así como seguramente necesitemos replantearnos a nosotros individualmente y después como pareja, debemos actualizar y replantearnos la relación con los hijos en sus diferentes etapas.

En relación a los hijos muertos o abortados, es importante hacerles un espacio seguro y sagrado en nuestro corazón, así como hacer que haya valido la pena su existencia, por muy corta que haya sido, por medio de acciones o determinaciones en su nombre y por su significado en nuestras vidas.

Al respecto, una vez tuve una paciente que se había practicado tres abortos. Se sentía terriblemente culpable y avergonzada. De hecho, no había reportado esta experiencia, sino luego de varios meses de terapia.

Una vez que reconoció lo sucedido, se responsabilizó, admitió humildemente sus limitaciones y emociones, se permitió recuperar a esos hijos como hijos (y no como errores, culpas o motivos de vergüenza). Recuerdo lo impactante de su ritual en la consulta. Se arrodilló ante tres pequeñas conchas de mar, les aseguró su amor y les prometió evocarlos de una manera que validara su breve existencia e hiciera que todo hubiera valido la pena.

Me la encontré después de algunos años. Estaba radiante. Con sus amorosos consejos había ayudado a muchas mujeres a reconsiderar sus posibles abortos y a buscar opciones para tener a sus hijos con amor, sin forzarlas y respetando sus decisiones. Estaba embarazada y radiante. En secreto me dijo: estoy esperando a mi cuarto hijo.

Se trata de recuperar los fragmentos de nuestra historia personal para vivir completos, valorados y plenos, reconociendo cada elemento como parte esencial de nuestro ser.

Ejercicio

Cada persona tiende a proyectarse, por lo menos en algún aspecto, en sus hijos. Si en esos momentos el lector tiene una situación difícil o tensa con alguno de sus hijos, deberá reflexionar unos instantes sobre las preguntas siguientes:

- ¿Qué rasgos o conductas ve el lector en sus hijos que le generan malestar (los niños no juegan con sus amiguitos, los estudios van mal, los amigos influyen negativamente, se enamoraron de alguien que al lector no le gusta, se rebela o pelea continuamente con uno, etcétera)?

- ¿Cuáles son los miedos del lector u otros sentimientos que experimenta al respecto?
- ¿Qué pensamientos catastróficos tiene el lector al respecto?
- ¿Qué tipo de acciones pone en práctica el lector para solucionar la situación, pero que no dan los resultados esperados?
- ¿Qué sucedió con el lector cuando tenía la misma edad que tiene su hijo?
- ¿Cómo se comportaron los padres del lector con él en ese momento?
- ¿Cuál fue su desenlace al respecto?
- ¿Qué le cuesta al lector no hacer?
- ¿Está el hijo del lector en algún punto de cambio: comienzo de preescolar, primaria, secundaria, noviazgo, matrimonio, etcétera (es recomendable la lectura sobre el desarrollo psicosexual que hacen Eric Erikson y Anna Freud)?

Una vez que el lector haya detectado lo que tiene que cambiar (de padre de niño a padre de adolescente, o a padre de joven, etcétera), deberá conversar con su hijo acerca de lo que siente y de lo que le preocupa e invitarlo a generar ideas de convivencia para llegar a acuerdos y establecer límites adecuados a su edad.

Muchas veces, dejar crecer a un hijo puede resultar doloroso porque nos toca desapegarnos de aspectos muy arraigados, como la necesidad de ejercer poder y control, sobreprotección e independencia emocional.

Para muchos padres, en las relaciones no resueltas con sus padres o con sus hermanos, así como con sus parejas resultarán evidente la proyección de aquéllas en el trato con sus hijos.

No puedo dejar de mencionar las sabias experiencias señaladas por Hellinger con respecto a los hijos muertos y abortados. Cuando los padres no supieron o pudieron procesar el duelo de manera amorosa y adecuada, dan lugar a enredos sistémicos que pueden reflejarse en su relación de pareja y/o en las vidas de sus otros descendientes.

Hijos muertos: en el caso de los hijos que murieron, éstos deben ser honrados con el amor digno e íntegro. Muchos padres, en su anhelo de honrarlos y mantenerlos vivos, suelen dar el nombre del hijo muerto a otro hijo, lo que no permite su reconocimiento como individuo único e insustituible.

Hijos abortados: reconocer el sacrificio de un hijo por las razones que sean, no es cosa fácil. Por lo general, las parejas no conversan del hecho por la culpa o la vergüenza que sienten ante los que experimentan tal hecho. Sin embargo, ese silencio no permite el cierre del ciclo. Conversar de lo que cada uno siente y compartirlo con respeto resulta importante para hacer el duelo.

También es importante imaginar una conversación con el hijo que no nació, en la que los padres se comprometen a convertir el sacrificio en algo digno. Por ejemplo: "No te dejamos nacer porque teníamos miedo de no poder afrontar los retos económicos, sociales (o lo que fuere la razón del aborto). Sin embargo, ocupas un espacio sagrado en nuestro corazón. Haremos de este sacrificio algo digno en tu nombre".

Cierres por bandono y rechazo

Las situaciones de abandono son aquellas en las que experimentamos la desatención del ser querido en quien nos habíamos apoyado. Con una gran carga de traición y decepción, el abandono nos susurra que no valemos la pena, nos convence de que, a final de cuentas, somos desechables, abandonables y sustituibles, poco merecedores del aprecio, la lealtad y el amor del otro. Nos sentimos utilizados como un juguete del cual se cansó el otro.

El abandono nos derrumba como un piso que inesperadamente se abre y nos deja caer. Se parece a la sensación del niño que duerme confiadamente en los brazos de un padre que decide dejarlo caer, porque tiene algo mejor que atender. Asimismo, el rechazo es la experiencia de un definitivo aborrecimiento o expulsión por parte del otro. A diferencia del abandono, que nos deja con la vivencia de niños indefensos a merced de un mundo inhóspito, el rechazo nos expone al sentimiento de inadecuación y de vergüenza de ser "inapropiados": no pasamos el examen, ni fuimos aprobados, ni llegamos a satisfacer las expectativas del otro.

Los cierres por abandono y rechazo son muy difíciles, pues la mayoría de las veces quien abandona o rechaza no acompaña el proceso del abandonado o rechazado y porque la autoestima y la autosustentación, si existieran, son deterioradas fuertemente. En el fondo, el abandonado o rechazado absorbe la decisión del otro como cómplice. En su interior existe una voz que le reconfirma su poca valoración y lo convence de que se lo merecía.

Difícilmente escuchamos que alguien abandonado o rechazado diga que, a pesar de lo doloroso del comportamiento del otro, se da cuenta de que éste era quien no merecía su lealtad o estimación.

En estos casos, el proceso de cerrar es la lucha entre las voces internas que nos culpabilizan, nos juzgan y nos descalifican, locual agrava aún más las heridas ocasionadas por el abandono y el rechazo. Por ejemplo:

Mercedes estaba destruida; pues siempre la abandonaban: su primer novio en la adolescencia, su primer esposo, su segundo esposo y ahora su nuevo novio.

Con gran aflicción, desgarrada y desconsolada, Mercedes contaba que algo malo debía tener ella para merecer el abandono. En la dinámica de su voz interna descubría que existía una Mercedes dura que le repetía continuamente: "No eres lo suficientemente valiosa, por eso te dejan", "tienes que dar lo mejor, por lo cual no te quejes, sino complace pues tienes la culpa, pero no muestres debilidad, sino sé fuerte".

Ante ello, Mercedes terminaba por elegir parejas que solían ser egocéntricas y a las que podría *complacer sin exigir nada a cambio*. Igualmente, como tenía la convicción de que no podía mostrarse vulnerable, solía buscarse parejas que se apoyarían en su *fortaleza*, al punto de que cuando ella mostrara cualquier síntoma de *debilidad*, saldrían corriendo antes de enfrentársele y confrontar la relación.

Así, Mercedes había desarrollado una fabulosa puntería para buscar parejas abandonantes: egocéntricos, evitantes, abusadores y cobardes. Lo cierto es que cuando esas parejas desaparecían, ella se encontraba incapacitada para asistirse a sí misma, porque la primera en abandonarse era ella misma. ¿De qué otra forma podría una persona permitirse parejas incapaces o no dispuestas a dar y ser sensibles a las necesidades y expectativas que ella no expresaba?

Además, cuando nuestro rol o metamensaje es el de "abusen de mí, písenme porque soy una alfombra", no podemos esperar que a quien elegimos para complementarnos no nos pise.

Cuando las situaciones de abandono y traición se suceden repetidamente en nuestra vida, estamos haciendo lo mismo uno y otra vez.

Alguien nos preguntaba el otro día sobre la razón por la cual siempre teníamos el mismo estilo de jefe. La verdad es que no fuimos muy diplomáticos al contestarle que sería porque él se manifestaba siempre de la misma forma ante las figuras de autoridad. Sin embargo, era todo lo contrario; lo común es la sensación de que si el otro nos rechaza o abandona, debe haber buenas razones para ello: nosotros los abandonados o rechazados.

El camino a la propia restauración del yo, ante la pérdida en estos casos, es cuesta arriba en razón de que las relaciones son complementarias. De antemano existía una complicidad tácita, un convencimiento profundo y escondido que nos lleva a cumplir nuestra profecía.

La vida en la urbe hace que las personas, a pesar de ser cada vez más numerosas en menos espacio, desarrollen mecanismos de aislamiento como protección ante el exceso de estímulos e información. En ese sentido, sería imposible conocer a todos los habitantes de la gran ciudad y caminar reconociéndolos y saludándolos en la vía. De esta manera, que el urbanista se desenvuelve en una especie de vida autista, mientras se sumerge en la ilusión del contacto con el uso de la televisión, internet, los centros comerciales, los juegos virtuales, etcétera.

En consecuencia, las relaciones de la urbe se tornan distantes y superficiales, centradas en las transacciones e intereses económicos, y muestran sólo un fragmento de la personalidad del individuo. Las personas, a pesar de las múltiples actividades que realizan, se contactan y comparten su tiempo mediante aspectos aislados de su mundo: en el gimnasio o en el trabajo, en la familia o en el club, en el grupo espiritual o en las relaciones del condominio que comparten.

La rapidez o ritmo acelerado de las actividades e interacciones de los habitantes de la ciudad dificulta el encuentro y la profundización de las relaciones, por lo cual las necesidades humanas de arraigo y pertenencia se ven sustituidas por las de anonimato y protagonismo simultáneamente.

Una vez perdida la práctica del encuentro, de la relación profunda y comprometida, así como del descubrimiento y cuidado por el otro, no es difícil inferir que el abandono y el rechazo sean los miedos más experimentados en las relaciones afectivas. Así, en cuanto dos personas se interesan en lo afectivo una en la otra, de inmediato surge el miedo a no poder retener o gustarle al otro, a no ser suficientemente bueno o elegible, o a ser descubierto en las debilidades o aspectos menos agraciados. Por tanto, el miedo al rechazo y al abandono se traduce en un juego de máscaras para complacerse y dominarse complementariamente, en el cual es retenida y reprimida la expresión del sí mismo para convertirnos en lo que esperamos ser.

En el fondo, el abandono y el rechazo son experiencias traumáticas que suelen repetirse no sólo por las pautas adquiridas en la infancia, sino también por la vida urbana o artificial, en la que la imagen es más importante que el ser auténtico de cada quien. Quizá la peor sensación emocional que podamos experimentar a partir del abandono y el rechazo sea la soledad vacía o vacío interno (diferente de la soledad plena de quien elige apartarse para estar en compañía de sí mismo), el aislamiento social no deseado, la depresión, la autodescalificación o la desvaloración del yo.

Es importante que cuando el rechazo y el abandono son tan fuertes como para despojarnos de nuestra dignidad, se trata no del daño que otros nos hayan causado, sino de nuestra incapacidad para autosustentarnos y depender más de los demás que de nosotros mismos.

Ejercicios

1. Tome nota el lector de los pensamientos que tiene sobre sí mismo al experimentar el rechazo y el abandono.
2. Haga memoria de cuántas veces le ha ocurrido esta experiencia.
3. Dése cuenta de si se trata de una pauta familiar.

4. Revise la historia de la relación (amigos, novios, etcétera) en la que experimentó el abandono o el rechazo, y descubra qué sacrificó para tener a cambio la compañía o el cariño de la persona.

5. ¿De qué manera suele el lector abandonarse o rechazarse? Quizá tenga creencias románticas (por ejemplo: el amor lo puede todo; entregarse completamente sin dejar de realizar las actividades; otras relaciones e intereses que lo hacen feliz; el amor es para siempre; si doy, recibo; etcétera).

6. ¿Qué hace el lector o deja de hacer para retroalimentarse y depender de sí mismo?, ¿cuánto prioriza sus necesidades?, ¿cuánto explicas sus expectativas? y ¿cuánto pospone sus actividades o no las lleva a cabo?

7. ¿Qué hace para que otros lo abandonen o rechacen: los atosiga y los asfixia, dependiendo por entero de ellos; insiste en desoír los límites personales y afectivos que la otra persona establece; descuida la relación; cree que todo debe gravitar a su alrededor, y responsabiliza al otro de todas sus emociones y conductas?

Muerte: el gran cierre

> *Quien sabe cuándo ha conseguido lo suficiente es rico...*
> *Y quien muere y no perece disfruta de la verdadera longevidad.*
>
> Wu, 33

La pérdida física de los seres queridos (personas, animales y otros seres vivos que sean importantes para nosotros) es razón suficiente para experimentar dolor, desorientación, ira, culpa, abandono, vacío y otras consecuencias mentales, físicas, emocionales y espirituales.

Así como el cuerpo sufre al arrancársele una parte (aunque sea una uña) y necesita un proceso de cicatrización y de reorganización sistémica, el alma y el corazón necesitan su tiempo y su asistencia particular para cicatrizar. Esa cicatrización no ocurre de la noche a la mañana. La herida está sensible al principio, duele y se inflama la piel, nos exige un esfuerzo en cuidar dicha herida, y así gradualmente el cuerpo va haciendo lo suyo; sin embargo, tanto las heridas del alma como las heridas importantes del cuerpo, a pesar de que pueden cicatrizar, no desaparecen.

En lo emocional, las heridas también han de ser cuidadas, también duelen y se nos inflama el alma; por ello una herida en el corazón no es cosa trivial. Por más que la persona se escude en racionalizaciones (como "es mejor lo que pasa", "dejó de sufrir", "Dios sabe lo que hace", "ahora está en un lugar mejor"), la herida o el pedazo falta... y no hay nada que pueda remplazarlo, como no podemos remplazar un brazo por un pie.

En ese orden de ideas, cuando ocurre la muerte física de un ser querido, el proceso de desprendimiento, de pérdida y de duelo se refiere más a quienes sufren la ausencia de los que se fueron; por ello, como parte de la vida, son experiencias demasiado importantes para simplificarlas a una racionalización o una justificación espiritual simplista.

El duelo es un camino profundo que nos lleva a niveles poco transitados y muy temidos por nosotros. Quizá logremos obtener consuelo, sentido y fuerza en otros seres para cerrar la pérdida, pero éstos no remplazan a nadie, sino sólo nos sirven de apoyo para continuar adelante nuestro camino.

Nos falta una parte importante de nuestro mundo relacional y como cada ser querido es único e irrepetible (aunque sea clonado), esa parte no podrá ser sustituida por ningún otro ser querido. Sin embargo, la preocupación por la muerte de un ser querido o el final ineludible de un proyecto o forma de vida suele entretenernos paradójicamente en lo que no podemos evitar, así como hacernos perder de vista lo que podemos hacer. Por ejemplo:

Luisa Elena acudió a la consulta con una fuerte mezcla de sentimientos (depresión, culpa y miedo) con lo cual justificaba su estado emocional por la muerte de su abuelo.

Le pregunté cuánto tiempo hacía que había fallecido su abuelo y, para mi sorpresa, Luisa Elena contestó:

– No, por Dios... mi abuelo no ha muerto, lo que sucede es que no puedo tolerar la sola idea de que vaya a morir.

– Entonces, –proseguí–, ¿tu abuelo está enfermo?

– No, pero sólo imaginarlo, me hace sufrir.

Ahondando un poco más en la consulta, Luisa Elena manifestaba la ternura y el agradecimiento que sentía por su abuelo, pero que nunca le había expresado debido a los esquemas familiares en el manejo del afecto.

La sola idea de sugerirle un acercamiento afectuoso con su abuelo, para expresarle su cariño y agradecimiento por haberla criado, hacía que Luisa Elena entrara en pánico. Ese pánico fue cediendo en la medida en que progresaba el tratamiento terapéutico, en especial cuando se dio cuenta de que asumía una muerte que aún no ocurría y que aún podía dar y recibir lo que guardaba en el fondo de su corazón.

En cuanto Luisa Elena se ocupaba de compartir más auténticamente y de hacer el contacto afectivo que anhelaba, su abuelo también fue respondiendo a su manera.

Finalmente, esta reseña terapéutica pertenece a una serie de consultas realizadas en 1998. Hoy, en el año 2003, el abuelo de Luisa Elena goza de unos maravillosos 90 años en compañía de su nieta preferida. Ambos decidieron no vivir el duelo antes de morir.

Vivir conscientemente con la muerte como compañera nos permite recordar que no hay excusa para postergar las cosas importantes y esenciales, como el afecto, el amor, los sueños, la celebración y la vida que nos unen a los seres queridos. Por otra parte, también solemos cerrar los negocios antes de que realmente terminen, y dejamos de hacer lo que podemos, pues nos vamos convenciendo de que son eternos o inútiles.

La prisa por cerrar algunas situaciones, así como la resistencia a hacerlo nos puede llevar a un desgaste importante de nuestras energías y recursos, los cuales necesitaremos para dar toda la potencia a aquello que todavía puede mantenerse, o a aquello que ha de comenzar. Por ejemplo:

Ni empujar, ni frenar el río...
Eso es fluir con la vida.

Según Hellinger, otro aspecto importante con respecto a la dificultad de estar en paz con la muerte de los seres queridos, es el hecho de evitarlos. Es decir, que para no sentir dolor, las personas suelen ignorar, racionalizar, justificar las pérdidas, o experimentan un gran resentimiento hacia la vida y Dios, e incluso hacia la persona fallecida por haberlos abandonado.

Imaginar que nos acercamos a estos seres con amor, respeto y sentimiento, expresarles nuestras inquietudes por su ausencia, reconocer que algo más grande y poderoso que nosotros decidió su partida, permanecer a su lado en silencio, respirando profundamente hasta sentir que podemos seguir avanzando con nuestra vida.

Ejercicios

1. Revise su entorno afectivo y observe a quién ha estado postergando o dejando a un lado, pensando que es lo suficientemente fuerte o autosuficiente para que necesite de usted.

2. Asimismo, observe a quién es difícil acercarse y manifestarle su afecto porque el lector teme "quebrarse" emocionalmente y no quiere que surjan momentos de intensidad emocional o de intimidad.

3. Reflexione qué lo mantiene al margen de expresar su afecto, apoyo y perdón y qué lo previene de pedir excusas.

4. Si el lector descubre que la respuesta es "por falta de tiempo" o porque "no es necesario", revise bien si no evita contactarse con el sentimiento de muerte, el cual, paradójicamente, te compromete con la vida.

5. Si el lector se encuentra afectado por la muerte de un ser querido o por la finalización permanente de una forma de vida o proyecto, haga una lista de los buenos recuerdos, de los legados de la relación o de la situación.

6. Haga una carta de agradecimiento para esa persona o para ese negocio, proyecto o situación, así como para usted mismo.

7. Realice un ritual de compromiso en cuanto a la manera como decides recordar y atesorar ese afecto o experiencia. Decida a quiénes invitará a acompañarlo en su duelo y cómo le pedirá que le apoyen en dicho proceso.

8. ¿Qué espacio o nueva situación de vida se abre a partir de la muerte de ese ser querido, negocio o proyecto?, ¿cuáles son los retos que se propone vencer? y ¿cuáles son las fortalezas que el lector ha de desarrollar o poner en acción.

Posibilidad de la propia muerte

Al nacer, lo único absolutamente seguro que tenemos, es la muerte. Sin embargo, extrañamente, vamos convenciéndonos de que nuestra muerte será "algún día", pero no ahora.

Apegados a la vida, vamos muriendo a cada instante y, de manera paradójica, cuanto más nos convencemos absurdamente de que es algo que sucede a los demás, nos vamos postergando.

Nos postergamos con excusas como "algún día le diré cuánto lo amo", "más tarde me ocuparé de mí", "no tengo tiempo, pues debo trabajar para mi familia", "algún día seguiré mis sueños", etcétera.

Sin embargo, la experiencia que podamos tener sobre la cercanía de nuestra muerte parece impactar nuestra percepción y afectar nuestras creencias, valores y conceptos tanto de nosotros como de la vida y de los demás.

La vivencia de que no hay vuelta atrás, de que se nos terminó el tiempo y de que no podremos transitar las mismas calles que nos llevaban a casa, ni abrazar a los seres queridos, así como la plena conciencia de que lo vivido ya se vivió y no hay nada que podamos postergar es una experiencia inigualable para reaccionar y comenzar a *vivir*.

De alguna manera nos acostumbramos a sobrevivir y olvidamos lo que es vivir con la piel sensible y con los brazos, los ojos y el corazón abiertos. Afortunadamente, esto no es la única vía para estar conscientes de nuestro tiempo y nuestro sentido de vida; así, algunas personas que tienen la dicha de trabajar cercanas a la experiencia de la muerte quizá lo aprovechen como una posibilidad para redimensionarse o para insensibilizarse.

Para los que hemos estado cerca de la muerte o para aquellos que en este momento tengan una fecha más precisa de cuándo podría ser, la mejor manera de cerrar el gran ciclo de la vida es conciliarse consigo mismos y con los demás.

No nos llevaremos bienes ni éxitos a nuestro próximo paso, cualquiera que sea el que nos toque o exista vida más allá de la vida o no. Lo único que podremos llevarnos, aunque sea por unos pocos instantes, es la historia de los vínculos que construimos, mantuvimos y terminamos, los que hubiésemos querido seguir teniendo, los que hubiéramos no haber tenido.

Cualquiera que sea la historia de nuestros vínculos, seguiremos viviendo en el corazón de quienes nos recuerden y aquéllos permanecerán en nuestra historia personal, a pesar de no haber ninguna otra dimensión a la cual ir. De alguna manera, todos tenemos un final de existencia física, lo cual nos ayudaría a hacer pequeños inventarios a lo largo de la vida para evaluar cuánto se parece nuestro camino a lo que deseamos que sea, cuán comprometidos estamos en realizar nuestros sueños, cuánto de lo que decimos es realmente lo que queremos decir y cuánto hemos dado y solicitado.

Cuando las personas se sienten vacías, sin sentido, aburridas e incluso ansiosas de no saber cómo *pasar* el tiempo, seguramente se debe a que tienen tiempo viviendo sin rumbo, norte o trascendencia. Quizá estuvieron mucho tiempo dedicados a otros, olvidándose de sí mismos, a lo mejor, se hallaron demasiado tiempo entretenidos en sus problemas y ahora no hay ninguno lo suficientemente importante para *distraer* su existencia.

En la mitología griega, el personaje de Hades se refiere al dios de los mundos profundos de la psiquis, los espacios oscuros, temidos: los espacios de la muerte, de la que nadie jamás pudo ni ha podido regresar. A la muerte también se le simbolizaba como Plutón (opulencia), ya que su reino estaba lleno de riqueza oculta. La muerte es el final permanente y definitivo de un ciclo de vida; por ello, también puede generar una nueva actitud o circunstancias, porque el antiguo camino jamás volverá a presentarse de la misma forma o no nos encontrará de la misma manera.

La profunda depresión que experimentamos en algunos momentos críticos de nuestra vida evidencia la cercanía de los cambios significativos, aunque éstos sean felices, como el nacimiento de un hijo, la boda u otra situación feliz. Ello se debe a que un viejo modo de vida ha de ser dejado atrás para dar paso a una nueva forma de relacionarnos con los demás y con nosotros.

La depresión y la muerte se asemejan en su profundidad, oscuridad y riqueza: a las dos vamos desnudos porque no podemos llevarnos las posesiones, los afectos, los proyectos ni las actitudes que en un momento dado nos proporcionaban una sensación de seguridad.

La muerte de un ser querido, el absoluto final de un proyecto, la pérdida de algún aspecto insustituible de nuestra vida nos dejan un espacio vacío, un silencio avasallante al que no podemos resistirnos ni luchar. Sólo nos queda acompañarnos compasivamente con el corazón y el alma, para que nos sea develada un nuevo ámbito de conciencia y de estar en el mundo.

Ejercicios

1. Es el momento de cerrar el ciclo y pensar en la posibilidad de que la muerte nos encuentre en unas horas, días o semanas y reflexionar sobre los temas siguientes:
   - Cómo seríamos recordados y por quiénes.
   - Qué obras hemos dejado y a quiénes.
   - Qué recuerdos nos llevaríamos y de quiénes.
   - Qué características desarrollamos y qué virtudes expresamos.
   - Cómo dimos amor y a quiénes.
   - Cómo nos dieron amor y quiénes nos lo dieron.
   - Cómo nos relacionamos con la naturaleza.
   - Cómo nos relacionamos con los demás.

2. Si todavía tuviéramos unos cinco años para cambiar las cosas, ¿cuáles serían y cómo lo haríamos? Stephen Covey, en su libro Los siete hábitos de la gente altamente eficaz, señala un ejercicio maravilloso para reconquistar nuestra vida, imaginando el día de nuestro funeral (paradójico, ¿verdad?). En dicho ejercicio, Covey nos invita a imaginar lo que nos gustaría que las personas dijeran de nosotros, de nuestros logros, de nuestra forma de hacer las cosas para lograrlas, de nuestras obras y de su aportación.

Nos queda algo por hacer, por decir, por dar, por reclamar, por terminar o por empezar… mientras podamos hacerlo, no sigamos esperando más.

Hace unos 20 años, un gran amigo me vio un poco triste y desanimada y me dijo que existía un ángel de la muerte, un ángel justo y hermoso que venía a buscarnos a nuestra hora.

Ese ángel seguramente se presentaría y me diría: "Bueno, Cris, es hora de partir, pero antes contéstame, ¿cómo has vivido tu vida?... porque si la viviste como los demás esperaban, cumpliendo únicamente de acuerdo con las expectativas ajenas, con el "deber ser", de seguro no viviste con locura y pasión tus sueños... Si fuera así, sería lamentable no haber vivido y aun así tener que partir".

> *"Si quieres estar pleno,*
> *déjate estar vacío.*
> *Si quieres renacer,*
> *Déjate morir."*
>
> *(Mitchell, 22)*

capítulo 4

Cerrar para comenzar

Quienes llegamos a vivir en los campos de concentración
recordamos a los hombres que iban de una barraca a otra
consolando a los demás, dando su último pedazo de pan.
Tal vez no hayan sido muchos, pero dan prueba suficiente de
que a un hombre se le puede quitar todo excepto una cosa: la
última de sus libertades, la de escoger su actitud frente a
cualquier circunstancia dada, la de elegir su camino.

VICTOR FRANKL, *El hombre en busca de sentido*

Victor Frankl fue un psiquiatra vienés muy reconocido por los excelentes resultados de sus terapias en los predios de la Segunda Guerra Mundial. Como judío, sobrevivió a uno de los más terribles holocaustos de los campos de concentración nazi. Paradójicamente, en medio de la situación más adversa y amenazante, Frankl desarrolló y profundizó su terapia existencialista llamada *logoterapia*, la cual fue inspirada por las experiencias trágicas y heroicas de sus compañeros de barraca y las suyas.

Uno de sus relatos preferidos se refiere a un momento en que se encontraba en Polonia como prisionero, en un día terriblemente frío y oscuro de invierno, en medio de una marcha al campo de trabajo forzado, junto con otros prisionerso. Sólo llevaba la ropa de algodón deteriorada, sin medias ni ropa interior y con unos zapatos casi sin suela. Debido a que llevaba meses de desnutrición y maltratos físicos y mentales, estaba muy enfermo, por lo cual comenzó a toser de manera incontrolable. Esa tos lo obligó a caer de rodillas, exhausto y totalmente debilitado. De inmediato un guardia le gritó para que se levantara y siguiera adelante, a lo que él no podía reaccionar ni contestar, por la tos y la fatiga intensa que lo aquejaba. El guardia comenzó a golpearlo con la culata de su rifle y le indicó severamente ponerse de pie o de lo contrario sería abandonado en la nieve, donde moriría en pocas horas. Frankl sabía que no era un chiste y pensó en dejarse morir, pues no tenía la mínima fuerza para seguir. Entonces se acostó por un instante en la nieve, totalmente paralizado.

De repente, Frankl se encontró de forma imaginaria frente a un auditorio en Viena: se veía en el futuro dictando conferencias sobre *La psicología de los campos de la muerte*; se imaginaba estar frente al rostro de unas 200 personas atentas a sus palabras... podía visualizarse a sí mismo hablando sobre los factores psicológicos de la deshumanización y de cómo algunas personas lograron sobrevivir y otras no, a pesar de la devastación moral, física y psicológica. En ese instante, a Frankl le sorprendió verse inmerso en el maravilloso escenario de su charla y, en ese momento, su cuerpo se levantó automáticamente de la nieve. El guardia dejó de golpearlo y con todo el dolor posible... ¡dio su primer paso! Luego dio otro y poco a poco otros más. Mientras, su cuerpo inerte avanzaba y trabajaba en el campo de la muerte hasta llegar otra vez a su barraca, donde seguía imaginando su charla y la audiencia. Una vez en su catre, colapsó físicamente, pero siguió viendo concluir su presentación mientras las personas se levantaban en una ovación total.

Muchos años más tarde, Frankl presenció ese sueño hecho realidad ante una audiencia de más de 7 000 personas al relatar esa historia, a partir de una *visión* y de un *sentido* de vida creciente y dirigido al futuro lleno de posibilidades y significado. Una de las grandes enseñanzas que Frankl legó a los enfoques terapéuticos que le siguieron; fue el hecho de que nada tiene significado, sino el que cada quien le asigna. El sentido es tarea del ser humano y depende de su libertad de elección y responsabilidad.

Para nosotros Frankl es un maravilloso ejemplo de proactividad, es decir, de responsabilidad puesta en acción. Por ello, no aceptó vivir como una víctima impotente o llorar su desgracia, a pesar de las crueles circunstancias en que se encontraba, ni dejó de accionar, ni esperó que alguien resolviera las cosas por él. Asimismo, no se dejó desanimar por el "destino", ni paralizó su crecimiento personal y profesional por los lúgubres escenarios que lo rodeaban.

Frankl *eligió* centrar toda su atención a lo que podía hacer: observar, imaginar, soñar, y proyectar un futuro de éxito y felicidad. Tomaba nota de todo elemento y recurso, de todo ejemplo que corroborara su teoría, lo cual lo ayudó a ser uno de los pocos sobrevivientes del campo de concentración, capitalizar su historia y vivir un futuro deseado.

Lo anterior sirve para hacer un alto en nuestra vida y preguntarnos hacia *dónde* nos dirigimos, *cómo* lo hacemos y *para qué.*

Al hablar ahora de C.G. Jung y de su psicología analítica, nunca insistiremos bastante en el gran mérito contraído por este autor, que tuvo la osadía de atreverse a definir en su tiempo –es decir, en los primeros años del siglo– la neurosis... el sufrimiento del alma que no ha encontrado su sentido.

Victor Frankl, Ante el vacío existencial

Si no tenemos un norte en el que nos veamos en una versión mejorada y grandiosa –es decir, trascendente–, no tendrán ningún sentido nuestros esfuerzos presentes, ni ninguna razón de ser querer mirar el pasado y transformarlo en combustible para nuestro motor.

Los facilitadores y especialistas de la programación neurolingüística señalan la importancia de tener una clara y mejorada percepción del futuro, porque de alguna manera nuestras creencias y percepciones nos ayudarán o limitarán las experiencias. En cierto sentido, vivimos las consecuencias de lo que creemos, ya que la creencia y la percepción nos programan o influencian a sentir, pensar y actuar de forma que reconfirmemos dichas creencias o percepciones. Esto es llamado el *síndrome de la profecía autoconfirmada.* De aquí la importancia de cómo tengamos el pasado en nuestra vida. Si nuestro pasado es un libro con muchas páginas oscuras, con borrones, con zonas censuradas, con páginas en blanco, seguramente no será una obra pedagógica ni digno de leer.

Si logramos reencuadrar –es decir, enfocar las experiencias de manera constructiva y digna–, tendremos un tesoro, un refugio y un impulsor para nuestras velas, que nos ayudará a llegar tan lejos como nuestros sueños lo diseñen. Pero quizá lo más importante al hablar de trascendencia y sentido sea la *contribución* de nuestras experiencias para los demás.

Frankl soñó con un auditorio, Gandhi con un pueblo libre, *Chico* Mendes con la conservación de la selva amazónica para las próximas generaciones, Pasteur con una mejor salud para las personas...

Los demás son el lugar de partida y de llegada y cada quien es el camino, el lugar, para que otros lleguen y partan.

Nutrir y nutrirnos, dar y recibir, ayudar y ser ayudados, inspirar y ser inspirados. El ser humano lo es por su necesidad de tener vínculos y por su realización mediante los vínculos. En este sentido, no puedo saber si soy honesta si el otro no me da oportunidad de serlo en los momentos difíciles, ni saber cuán hermosa soy si el otro no ofrece sus ojos para reflejarme ni puedo darle al otro si no le permito darme.

Las victorias privadas son importantes, pero las de un todo son gloriosas. La solidaridad, la cooperatividad, y la confluencia que nos borra el límite hace posible la expansión de todo mi ser y la del otro, sin que nos limiten las fronteras.

Competir puede ser excitante y fascinante para algunos y frustrante para otros; sin embargo, cooperar suele ser trascendente para todos los involucrados.

Trascender, entonces, es ir más allá, hacia adentro y hacia afuera. Entonces, cada paso en esas direcciones, encuentra su sentido.

Cuando deseamos cambiar o empezar de nuevo en nuestra vida, es necesario hacia el ideal de situación que deseamos. Mucha gente deprimida suele decir "necesito salir de este hueco". Al preguntarle, qué hará cuando salga del hueco y hacia dónde se dirigirá, la respuesta es: "no lo sé". Entonces, no es difícil adivinar qué hace muy tortuoso salir del hueco, cuando lo único enfocado es el hueco mismo y no los nuevos escenarios que servirían de fuerza de tracción para movernos hacia nuevos y mejores escenarios.

Ya sea que el lector desee cerrar su ciclo de conductas repetitivas que lo llevan a discutir con su vecino, o que quiera dejar de fracasar en los negocios, o que esté cansado de vivir aislado de los demás, o que desee terminar una relación afectiva, es importante que se plantee lo que será diferente, lo que hará o dejará de hacer y lo que le hará sentir mejor y con más plenitud.

Ejercicio

Las preguntas siguientes han de ser contestadas de manera descriptiva, por ejemplo: "tendré más tiempo libre para ir a nadar" es descriptivo, pues la acción es factible de ser filmada; en cambio, decir: "tendré más tiempo para disfrutar", deja demasiado campo para interpretar, pero no describe ninguna acción específica que pueda filmarse o cuantificarse. Así, para obtener mejores resultados, las preguntas siguientes han de ser contestadas de manera filmable:

a. ¿Hacia dónde quiero ir, qué deseo realizar lograr que implique el comienzo de un nuevo ciclo o una nueva manera de hacer las cosas?

b. ¿Qué será diferente en mi vida cuando haya cerrado el ciclo?

Herencias, tendencias y creencias

Para ver la profundidad en la que los viejos patrones viven dentro de nosotros, para tomar el poder con el cual (esos patrones) influyen en la vida adulta y en las conductas, mucho después de haber aprendido sobre nuevas maneras de ser, y para comprender totalmente la fuente de todo ello, necesitamos volver a la niñez

RUBIN

Cuando botes el agua sucia de la bañera, cuidate de no botar también al bebé.

Capitalizar el pasado implica, entre otras cosas, identificar aquellas características que contribuyen a crear, mantener o empeorar una situación no deseada, como las que colaboran a lograr la mejoría o el cambio hacia situaciones deseadas.

Debido a que en nuestra infancia y adolescencia absorbemos más fácilmente los modelos y las estrategias de vida, importante identificar y diferenciar dichos modelos y estrategias de las personas significativas en nuestras primeras etapas evolutivas: padres, familiares, amigos, líderes, superhéroes, antihéroes, personajes históricos, inventados, fantasiosos, etcétera. Para ello, es relevante explorar cuáles han sido los *patrones de influencia*, es decir, los *modelos de conducta* que han influido en nosotros de la manera nos hemos creado el problema (lo mantenemos o empeoramos), y seguramente son el producto de la influencia que tuvimos de personas importantes en nuestra infancia y adolescencia. Igualmente, revisaremos los patrones de influencia positivos, es decir, el *cómo* hicieron esos personajes significativos para crearse mejores escenarios de vida, o por lo menos para no empeorar las cosas.

La herencia es algo trascendental en nuestra vida. Nuestros mayores o antecesores nos legaron mucho más de lo que hayan podido imaginar. Al observar, copiamos a nuestros padres, familiares, amigos, maestros y a los personajes relacionados con el poder, la religión y los medios.

Cuando somos niños, en especial en nuestros primeros siete años, nuestra capacidad de aprendizaje es inmensa pues aún no tenemos muchos tabúes, miedos, restricciones y reglamentos de vida. Nos encontramos con una ventana gigantesca de observación y de introyección (absorción de las experiencias y de los modelajes del medio) que nos permiten aprender a gran velocidad, quizá como nunca lo haremos después. Así, muchos de nuestros comportamientos, formas de expresarnos y relacionarnos, además de la manera de percibir las experiencias y los hechos, se siembran y forman en esa primera etapa de la vida.

Los *sistemas de creencias*, las referencias sobre nosotros y el mundo, las estrategias de vida y la forma de reaccionar ante determinadas circunstancias son el resultado, por lo general, de modelajes o copias de lo que observamos en los demás. Por ejemplo, en la lista de ancestros determinantes de Juan Carlos aparecen padres, hermanos, su nana, sus vecinos, los Beatles,

Gandhi, Cristo, Hitler, Rasputín, *Superman*, el *Zorro*, los Locos Adams, Louis Pasteur, Darwin, Adán y Eva. En la adolescencia fueron muy importantes sus amigos Julián y Vicente, los artistas Joan Manuel Serrat, Sarah Bernhardt, Joan Báez y el poeta español García Lorca. Todos ellos representaban determinados *valores, estrategias y creencias*.

En el caso de Juan Carlos, su padre era sensible, generoso, justo, explosivo, honesto, arriesgado, trabajador, responsable, osado, salvador, amante de la naturaleza, creativo, ingenuo y sociable (¿notamos que lo idolatra?).

En el caso de su madre ésta era protectora, valiente, compañera, posesiva, trabajadora, honesta, salvadora, introvertida, constante y amorosa. En el caso de Juan Carlos, fue obvio para él que muchas de sus características habían sido copiadas o modeladas de dichos personajes. Hasta encontró la explicación de cómo había llegado a ser médico (de niño leía lo referente a Pasteur) y de haber participado en misiones de salvamento en Nicaragua. El hecho de que sus padres fueran sobrevivientes de la segunda Guerra Mundial y de que siempre hubieran estado ayudando y salvando a mucha gente, ya sea del hambre, de la persecución o de la injusticia, era suficiente para repetir los guiones de salvador, justo, arriesgo, generoso y protector. Incluso sus personajes históricos (como Gandhi y Cristo) y los fantásticos (*Superman* y el *Zorro*) explicaban su tendencia a proteger a los menos favorecidos, así como entendía el origen de sus ideales de justicia. Igualmente, los personajes como Hitler y Rasputín fueron importantes, pues constituyeron los modelos de cómo no quería ser y contra lo que lucharía: las diferencias raciales, la intriga y la crueldad. Sin embargo, logró identificar que de estos dos personajes, él tenía algo de parecido en cuanto a los aspectos que no le gustaban de él mismo: de Hitler, la tendencia a ser muy severo (en especial consigo mismo) y de Rasputín, su capacidad para convencer y persuadir a las personas al punto de poder manipularlas.

Contactar con las características de nuestros antepasados nos ayuda a identificar mejor nuestros rasgos y tendencias, ya

sean agradables o no deseados. Este conocimiento sobre nosotros y nuestras posibilidades nos permite conquistarnos, así
como conciliarnos y trabajar en las zonas que ameritan atención.

Otro punto importante es contactar nuestras estrategias o
formas de actuar en diferentes aspectos.

Por ejemplo, el caso de Maciel, quien solía encontrar parejas significativas en las fiestas importantes.

Ella conoció a su esposo en una fiesta de fin de año en 1983...
casualmente, sus padres se conocieron en una fiesta de fin de año
en Italia en 1938. Gracias a ellos, a su fórmula de relacionarse y
a los beneficios que obtenían de estar juntos, la relación de
Maciel, por lo menos hasta hoy (luego de 20 años de casada) ha
sido muy satisfactoria. Es más, a pesar de que su primer matrimonio no fue satisfactorio (por cierto, también conoció a su primer esposo en una fiesta), ella siempre creyó en la relación amorosa y comprometida de la pareja.

En el ejemplo de la habilidad social mencionada, conocimos el
caso de Laura, una mujer que aún con sus 30 años vive prácticamente aislada y sin pareja (ni siquiera ha tenido su primer
novio). Al revisar su caso, ella descubrió que sus padres (los cuales se separaron cuando ella todavía no había nacido) no habían
sido personas sociables, desconfiaban de la entrega amorosa y la
habían protegido a tal punto que le habían hecho una barrera
social a Laura desde pequeña.

En este caso, fue importante que Laura describiera *cómo se
comportaba para evitar el contacto con las personas y así no tener
pareja*:

- Mantenerse la mayor parte del tiempo en la oficina (en la
  que sólo tiene dos secretarias) y en la casa (en la que vive
  con su madre y una sobrina).
- Decir "no" a cualquier invitación o posibilidad de salir para
  conocer gente.
- Pasar los fines de semana viendo televisión y leyendo en
  casa o en algún parque donde no acuda mucha gente.
- Pensar siempre lo mismo: "la gente es peligrosa" y "el príncipe llegará algún día, pues las mujeres no buscan a los
  príncipes".

- Reafirmarse que todo es destino y todo llega.

A su vez, Marcos, quien tenía serios problemas de contacto social, descubrió que sus padres no solían interactuar con amigos o conocidos. Además, eran bastante mayores cuando él nació y como hijo único se abocaron a vivir en casa y convertirla en el único lugar de esparcimiento.

La idea era más o menos la misma:

- Si me invitan a una fiesta o reunión, sólo iré si conozco a la mayoría de las personas que estén en el lugar (en su caso esto era casi imposible, porque Marcos no conocía prácticamente sino a un par de personas y eran familiares).
- En caso de que no tenga otro remedio y vaya a la reunión (por lo general, reuniones relacionadas con su empresa) me mantengo fuera de cualquier grupo. Observo a las personas y me concentro en imaginar lo difícil que es integrarme y socializar.
- Salgo a ver los exteriores, la calle y el automóvil.
- Vuelvo a entrar, voy al baño y sigo mirando a la gente.
- Espero que alguien me invite a participar en la conversación.
- Nadie me invita...por lo cual me voy a casa.

Otro punto de apalancamiento para fortalecernos consiste en recordar nuestros logros, ya que en ello están las estrategias, los recursos, las acciones, las creencias que utilizamos para conseguir lo que nos habíamos propuesto.

Cuando no tenemos la práctica de apoyarnos en los logros del pasado, es fácil caer en un estado de impotencia, victimización o subestimación; sin embargo, si capitalizamos las experiencias, seguramente emergerán las pistas de cómo impulsarnos hacia las metas deseadas, ya sean para construir nuevas situaciones y relaciones, o para cerrar los ciclos que así lo requieran. Muchas veces, cerrar para comenzar implica un gesto de humildad y dignidad hacia nosotros, porque es imposible movernos pensando en que no tenemos los recursos o que no seremos capaces.

Gracias al aprendizaje, mostramos humildad para reconocer que somos humanos en proceso de eterno crecimiento y transformación. Asimismo, tenemos dignidad porque, a pesar de los errores o experiencias desagradables, el respeto por nosotros es la única forma de mirar hacia delante y elegir otro destino. Por ejemplo:

Juan Andrés se sentía muy culpable de haber descuidado a su esposa durante tanto tiempo, por lo que ésta le pidió el divorcio y se fue a vivir a otra ciudad. Él insistía en castigarse y en hacer el inventario de todos sus errores y debilidades, lo cual le servía de autocastigo; incluso se resistía a la idea de volver a enamorarse algún día de otra mujer. Se repetía, continuamente, que no podría superar dicha pérdida y que se sentía morir.

Luego de mirar su historia personal, Juan Andrés comenzó a entender cómo había llegado hasta su presente situación. La historia de cinco familiares (tíos, hermanos y primos) había sido la misma: descuido de la relación y arrepentimiento posterior al divorcio. Pero lo más importante en este caso, además de comprender Juan Andrés sus tendencias y creencias inadecuadas y descubrir las estrategias asertivas en la relación de pareja de otros familiares y amigos, fue recordar cómo había superado la pérdida por muerte de su primera novia.

Para aquel entonces, Juan Andrés era docente de secundaria y le había tocado asistir a dos alumnos en el proceso de desintoxicación por drogas, lo cual implicaba compartir sus sentimientos, su culpa y su miedo a no superar la adicción y las consecuencias afectivas y sociales generadas.

Juan Andrés, solidario y comprometido con sus alumnos, se dedicó a apoyarlos, por lo cual incluso los acompañó a sus procesos de terapia colectiva, en la que aprendió mucho sobre la codependencia de todo tipo.

Ahora le tocaba a él rescatarse, para lo cual contaba con muchos elementos, pero el principal de ellos era su propia fuerza salvadora.

Ejercicios

1. ¿Cuál es la lista de personas y personajes influyentes?
2. El paso siguiente para descubrir cuál fue el legado de esas personas consiste en describir, al lado de cada nombre, características que te gustaron de ellos.

3. Describa cómo y con cuáles estrategias y conductas esos personajes alcanzaron o resolvieron lo que desea o elija aplicar en su vida (como la pareja, la economía, las relaciones interpersonales, el trabajo, la salud, etcétera).

4. Luego de haber hecho la descripción de las características de cada personaje importante en su vida, marque aquellas que usted también posea.

5. ¿Cuáles son las características, estrategias y fórmulas adquiridas por usted que le han servido para crear, mantener o mejorar una situación no deseable?

Sistemas de apoyo

Dadme un punto de apoyo y levantaré el mundo.

GALILEO GALILEI

Un cierre, en especial si es afectivo, casi siempre conlleva un proceso de duelo que amerita algún nivel de apoyo para que la transición se haga lo más fructífera y ecológica. Para ello, es importante saber acompañarse, ya sea con los recursos externos o con los internos.

Apoyos externos

En un mundo dinamizado y dinamizante, representado hoy día por la *red informática*, todavía solemos funcionar y vernos de manera aislada: en vez de percibirnos como parte de un sistema con infinitos puntos de apoyo, como una constelación de recursos y posibilidades, seguimos percibiéndonos aislados y separados del resto del todo.

En medio de muchas opciones, especialistas, gente.... solemos enfrentar nuestros desafíos por nosotros mismos y con las mismas estrategias, aunque no nos den resultado. Entonces, no resulta extraño, darnos cuenta de que a pesar de que cada vez somos más personas en menos espacio, los grandes malestares del siglo sean la soledad y la depresión.

A la autora le anima y le consuela conocer detalles sobre la vida de otros, sobre la manera cómo lograron sus sueños metas, cómo superaron sus derrotas, cómo aceptaron sus limitaciones y cómo se conciliaron humildemente con sus defectos o debilidades. Es especialmente inspiradora para la autora la vida de personas como sus padres, Hellen Keller, Walt Disney, Mandela y muchos otros, porque le recuerdan que la adversidad puede ser la oportunidad de redescubrirnos en una mejor y más amplia dimensión, tanto para uno mismo como para los demás.

En los momentos en que la autora flaquea puede apoyarse en su fortaleza, en sus pasadas caídas y levantadas (fórmulas de cómo no hacer o sí hacer algo), en las anécdotas y características de sus ancestros y en sus seres queridos. Buscar ayuda, soporte, consuelo, escuchar a su familia, amigos, vecinos, compañeros de trabajo o estudio o terapeutas me recuerda que no es imbatible y que los demás también merecen tener la oportunidad de brindar su apoyo. También le sirve apoyarse mediante la conexión con la naturaleza. Las montañas, los ríos, el mar y los jardines son de gran importancia para volver a nutrirse, tomar un aire y seguir adelante.

La *red humana* es muchas veces ignorada o desvalorizada, no obstante, es uno de nuestros grandes recursos por capitalizar. Todos sabemos que es mucho más fácil conseguir trabajo en una empresa cuando tenemos un amigo en ella que nos ayuda a conseguir las entrevistas. Es más fácil conseguir descuentos, documentos, información, apoyo, éxito y felicidad mediante el contacto humano.

En una oportunidad, una cliente buscaba trabajo desesperadamente "de lo que fuera" porque estaba al punto de la quiebra. Su comentario era que sólo contaba con una amiga, el exesposo y la familia. Para la autora, eso era más que suficiente. Una sola persona puede llevarnos a otra y ésa a otras más.

Conozco a una chica que cuando cumplió 35 años, todos sus amigos le hacían preguntas acerca de si algún día tendría pareja o no, otros le hacían chistes, otros le daban consejos...

Un día se preguntó si realmente quería tener pareja. Encontró que sí pero que había postergado el tema porque temía a la posibilidad de enamorarse de alguien deshonesto y aprovechador.

Además, hizo una lista de las acciones que había realizado para de verdad encontrar pareja y descubrió que no se había comprometido con dicho deseo.

Lo que no había resultado había sido:

- Esperar que la invitara alguna amiga a salir o a una fiesta.
- Salir en grupo con sus amigas para cenar o ir al cine todas juntas como un cónclave.
- Ver televisión todo el fin de semana.
- Frecuentar a las mismas personas en los mismos lugares.
- Esperar que llegara un "príncipe" a su ventana.

Entonces, decidió hacer un plan de acción con estrategias diferentes. Le escribió a unas 15 amigas y les comunicó:

- Agradecimiento por el interés que mostraban en cuanto a su soltería.
- Petición para que no siguieran haciéndole chistes, ni darle consejos, ni indirectas en cuanto a su estado civil de soltera.
- Participación de que mientras no tuviera pareja, quería disfrutar de sus amistades y de lo mejor que la vida le ofreciera.
- Participación de que a partir de ese momento, haría la búsqueda de candidatos a una relación encaminada al noviazgo y al matrimonio. Las únicas condiciones que el candidato debía tener eran: honestidad y querer una vida familiar. Ya no le importaba si era gordo, flaco, pequeño, etcétera.

Luego de unas cuantas risas provocadas por su misiva, empezaron a llegarle notificaciones e invitaciones.

En la tercera oportunidad, una amiga le dijo que su hermano pasaría tres dias en la ciudad y que lo consideraba una persona muy honesta y con deseos de encontrarse con una mujer que amara la vida familiar.

En cuanto se vieron, supieron que eran el uno para el otro. Salieron dos veces y luego él volvió a su ciudad (ubicada a unas 10 horas de carretera de la ciudad en la que ella se encontraba). Los próximos dos meses los dedicaron a conversar todas las noches sobre sus gustos, necesidades, expectativas y formas de ver la vida.

Acordaron verse una vez más para constatar si seguían sintiendo lo mismo que cuando se conocieron. Así fue y luego de tres meses se casaron.

Definitivamente, esta chica supo usar la red... escuchándola recordamos la célebre frase de Galileo: sólo necesitamos un punto de apoyo para levantarnos.

Una bonita manera de *capitalizar* nuestras relaciones y posibles apoyos externos consiste en tomar una gran hoja de papel y hacer nuestro árbol genealógico. También sirve rescatar nuestras viejas libretas telefónicas y desempolvar algunos números; igualmente, dar una vuelta a la zona donde vivimos, al edificio que habitamos, al club al que solemos ir, al mercado acostumbrado y tomar nota de las personas que vemos más a menudo. Atrevámonos a llamar a algunas personas, que de seguro se sorprenderán gratamente de nuestra llamada inesperada, e invitémoslas a tomar un café. Son muchas las sorpresas que nos llevaremos en tal tarea. A lo mejor descubrimos aspectos nuevos e ignorados en el otro, o quizá se trate de un rasgo de la personalidad o de la conexión con algún interés común o el puente para conocer nuevas personas y agregarlas a nuestra red de apoyo.

Un apoyo externo es cualquier recurso físico que pueda servirnos para apalancarnos en los momentos de cierre y en todos los demás. Por supuesto, se trata de medios, personas o actividades de las que nos valdremos para autoapoyarnos, no para colgarnos de ellos.

Apoyos internos

A la hora de hacer nuestra lista de apoyo, consideraremos no sólo aquellos elementos externos, sino también las experiencias que nos sirvieron en el pasado. Ya sea que se trate de recordar la manera de resolver, salir o plantearnos nuevos y mejores escenarios en el pasado, o que tengamos referencias de nuestros antecesores o figuras significativas, o que nos basemos en recursos imaginativos, cualquier elemento interno que colabore con nuestro bienestar deberá ser tomado en cuenta y registrado.

En los capítulos anteriores observamos la gran cantidad de recursos de apoyo con que contamos al hurgar en nuestros ancestros y experiencias pasadas. Al contemplar nuestro árbol genealógico y nuestras memorias de personas y personajes (reales y ficticios), seguramente encontraremos muchas estrategias y características en las cuales basarnos, ya sea copiándolas, adquiriéndolas o reactivándolas en nosotros.

Al mirar hacia nuestras anécdotas, encontraremos muchos detalles de éxito y de resolución, de felicidad y fortalezas para volver a actualizarnos y seguir construyendo el camino que deseamos para tener mejores escenarios de vida. Asimismo, recordar cómo consolamos, cómo animamos a otros y cómo los protegimos y nutrimos también puede servirnos para practicarlo con nosotros o pedirlo a los demás para que nos asistan. Principalmente, lo más importante es tratarnos con amor y delicadeza.

Solemos patearnos y exigirnos lo que no podemos dar cuando nos damos cuenta de que estamos débiles, vulnerables, caídos y decaídos. Pareciera que en la mayoría de nosotros hay un tirano que grita: "Levántate, idiota... la caída es para los débiles".

Justo cuando más amor y compasión necesitamos, ahí estamos, mirándonos críticamente de arriba abajo, en vez de inclinarnos suavemente a recoger nuestros pedacitos, darnos un tiempo para recuperarnos y retomar nuestro rumbo gradualmente.

A veces, nuestra esperanza es ser de otra manera, ser otros: mejores, más inteligentes, más famosos, más exitosos, menos neuróticos, menos depresivos... Y es que esta lucha entre lo que somos y lo que deseamos ser, por una parte, nos ayuda a salir de la conformidad y a caminar para descubrir y dar más allá de lo inmediato. Por otra cuando la lucha es contra nosotros mismos, es decir, atacándonos por no ser tan inteligentes, hermosos y exitosos como nos lo planteamos, con mucho esfuerzo y prisa por ser perfectos, sanos, equilibrados, sabios, exitosos y felices, igualmente nos veremos arrojados a una carrera de esfuerzo que nos dejará irremediablemente más vacíos.

Esa posición narcisista nos deja más decepcionados de nosotros y de los demás, más cansados de no lograr convertirnos en la imagen idealizada que tanto yo como los demás puedan tener de mí. La terapia Gestalt es una de las vías más maravillosas para integrar esas polaridades que nos habitan, para hacer contacto con nuestra realidad, *para aceptar con amor y compasión nuestra vida y abrazarla como única e irrepetible.*

Ejercicios

1. Reflexione si, al sentirse débil para cambiar ciertas pautas, se apoya o se critica y compadece.
2. ¿Cuáles podrían ser sus apoyos externos: amigos, vecinos, familiares, conocidos, compañeros de trabajo, lectores, terapeutas, gente que suele acudir a su gimnasio, parque, lugares y actividades presentes o pasados, logros, rituales, títulos, etcétera?
3. ¿Cuáles podrían ser sus apoyos internos: creencias familiares, espirituales, sociales, culturales, referencias del pasado, aspectos de su personalidad, errores convertidos en referencias acerca de "cómo no resultan" las cosas, ejercicios de imaginería o de programación neurolingüística, o de "darse cuenta" o de contacto interno con la experiencia, arte-terapia, etcétera.

Rituales: cómo adquirir hábitos

> *Si quieres verdaderamente comprender algo, trata de cambiarlo.*
>
> KURT LEWIN

Con pasión, con amor intenso, con delicadeza y con fortaleza, el cierre de los ciclos puede hacer que las heridas del alma cicatricen lo suficiente para convertirse en experiencias maravillosas. Cuando nos sentimos desesperados, angustiados, empobrecidos, incompletos, frustrados o rechazados, solemos decir que tenemos el alma enferma, que se nos fue la vida o que andamos arrastrándonos por el piso. La mayoría de nosotros, cuando hemos necesitado ayuda, la hemos buscado en términos radicales y utópicos: "quiero que se me quite este malestar, deseo cambiar totalmente, no quiero pensar en fulano, no quiero sentir dolor, deseo erradicar mi tendencia a…, quiero ser otra persona, etcétera".

En su maravillosa obra *El cuidado del alma*, Thomas Moore señala dos puntos importantes para ser incluidos en este libro. El primer punto se refiere al hecho de que el cuidado del alma *"tiene que ver con un cuidado modesto y no con una cura milagrosa"*... *"El cuidado del alma no consiste en resolver el enigma de la vida, sino es una apreciación de los paradójicos misterios que combinan la luz y la oscuridad en la grandeza de lo que pueden llegar a ser la vida y la cultura humanas"*.

Para Moore, el alma tiene que ver con la autenticidad y la profundidad y se revela en el afecto, el amor, la comunidad, la comunicación interior y la intimidad. En el caso de nuestro tema, capitalizar el pasado para cerrar ciclos, el proceso tiene que ver con lo señalado por Moore: un cuidado modesto y no una cura milagrosa.

En la medida en que centremos nuestra atención en los pequeños pasos y detalles, desarrollaremos mayor confianza en nuestros recursos y en nuestros momentos oscuros, y saldremos del *salón de los mil demonios* a pesar de los espectros que quieran asustarnos o desalentarnos.

El otro punto que Moore señala en su libro consiste en que ese cuidado del alma tiene mucho que ver con la vuelta a las prácticas antiguas, la espiritualidad o los rituales. Al respecto, Moore señala la necesidad de crear un espacio, una actividad y un tiempo para reconectarnos con aquello que nos nutre, fortalece, conforta y anima. De nada nos sirve desear una vida mejor, una mejor pareja, un trabajo mejor, una vivienda mejor, si en ello no ponemos nuestro bienestar y nuestra esperanza de cambio.

Sólo si construimos nuevas reglas de tratamiento hacia nosotros y hacia los demás lograremos cerrar nuestras heridas. Esas nuevas reglas están arraigadas en los tesoros del pasado y orientadas hacia un mejor futuro. Contamos con el presente para cuidar de que eso sea así, no sólo en lo subjetivo, teórico y psicólogico, sino también en lo práctico y tangible. Por eso, escribir o realizar los ejercicios propuestos en este libro nos lleva a reescribir nuestra historia y practicar las nuevas reglas nos hace vivir de manera diferente.

Sin embargo, en el día a día, los viejos hábitos y la velocidad del mundo pueden separarnos de nuestros propósitos. Lo mejor es que nos encuentren preparados y asidos a nuestros recursos.

Como decíamos al citar a Moore, tenemos que disponer de un ritual o, mejor, de varios rituales para conciliarnos, para animarnos, para restaurarnos de manera estructurada y rutinaria, así como hemos ritualizado el camino hacia el malestar o las estrategias dolorosas.

La autora conoce a una mujer que, luego de reescribir y capitalizar su historia, compró un pequeño baúl de madera en el cual colocó sus escritos, mensajes, cartas, recortes, fotos, amuletos, postales y canciones que le servían de alimento, auto-sustento y reorientación. No sólo se trataba de recuerdos felices o medios para el bienestar, sino también estaban presentes las reflexiones y los objetos ligados a lo que había sido un pasado doloroso y vergonzoso para ella y que ahora representaba los símbolos de sus aprendizajes. Con el tiempo, la mujer lo fue llenando de hojas de eucalipto para que con sólo abrir el baúl se activara en ella ese espacio sagrado de autorespeto y comunión interna con su historia personal y con los tesoros de sus experiencias y aprendizajes de vida. Ella lo llamó: *mi arca de los tesoros.*

La autora también conoció a Juan Luis, un hombre encantador que vivía solo en un pequeño apartamento. Juan Luis es chef y en consulta aludió al tema de sus relaciones de pareja: a pesar de haberse casado cuatro veces, se sentía culpable por no vivir felizmente con su quinta esposa. Por una parte, detestaba la formalidad y las premisas de convivencia que habían deseado cada una de sus esposas, y al mismo tiempo no deseaba perderlas por ser personas maravillosas. Con la terapia descubrió que realmente su necesidad de pareja no coincidía con sus cánones de convivir en matrimonio y que, a pesar de que habían sido mujeres extraordinarias, necesitaba otras cosas y otros espacios.

Desde muy niño, Juan Luis tuvo que trabajar y se exigió ser el mejor en sus estudios. A los 18 años se casó porque eso "tenía que hacer". El deber ser, los compromisos, el trabajo y el éxito eran su objetivo; sin embargo, nada lo satisfacía ni lo llenaba. Por tanto, vivía en función de inventarse cada vez más más objetivos y ... más frustración.

En la medida en que Juan Luis admitió sus necesidades, capitalizando sus experiencias y cerrando el círculo vicioso, se dio cuenta de que debía crearse nuevos asideros y nuevas estrategias y propósitos de vida para no ceder a las influencias que lo harían retroceder y actuar de la manera "como no se hace". En cada relación de pareja buscaba el hogar que no había tenido de niño, pero, paradójicamente, no quería vivir en un compromiso de pareja en el que se planteara la exclusividad sexual. Al darse cuenta de que para él la relación de pareja había sido sinónimo de "hogar", decidió encontrar su propio hogar y separarlo del tema de pareja. Se pasó todo un fin de semana pensando y observando su entorno para crear el espacio que le serviría de anclaje, como dirían los especialistas en programación neurolingüística, o de nido, como decía él mismo.

Juan Luis descubrió que gran parte de su tiempo lo transcurría en la cocina de su pequeño apartamento, ya sea inventando nuevas recetas, comiendo o recibiendo a sus amistades. Así, decidió tomar ese espacio para construir el nido. Comenzó con la amplia ventana de la cocina, donde colocó objetos relativos a su cultura: estampitas de los santos, fotos de momentos alegres, postales de sus mejores amigos, recuerdos de sus éxitos profesionales y de momentos agradables, frases de apoyo, plantas, etcétera.

Automáticamente y con el tiempo, cuando Juan Luis quería inspirarse y tener buenas ideas, cuando deseaba sentirse en contacto consigo mismo y cuando necesitaba sentirse cerca de lo importante en su vida, con sólo entrar a la cocina lo lograba fácilmente.

Lo interesante en el caso de Juan Luis es que varios de sus amigos lo llamaban cuando necesitaban sentirse nutridos, apoyados, consolados o escuchados.

Con el tiempo, Juan Luis se fue convirtiendo en un facilitador de encuentros afectivos, reflexivos y amorosos que fueron ocurriendo en ese nido: la cocina. Ahora por escribir un libro que nutra el cuerpo y el alma. No sólo logró cicatrizar con pasión y compasión sus experiencias, sino además las convirtió en un norte, trascendiendo sus beneficios para beneficiar a otros. Juan Luis encontró una manera de expresarse mediante su contribución con los demás.

Rituales de transición

El ritual ha sido definido como "... una acción o serie de acciones, acompañadas de fórmulas verbales, que se llevan a cabo con participación de toda la familia. Como todo ritual, tiene que consistir en la secuencia, sujeta a ciertas normas, de determinados pasos, en un momento específico y en un determinado lugar" (citado por O'Hanlon, Manual de psicoterapia, sobre Mara Selvini y su definición de ritual familiar).

Para Elisa, una ejecutiva "sin tiempo" que había estado inmersa en una depresión importante durante un largo periodo, producto de rupturas y duelos no capitalizados, su forma de ritualizar el bienestar estaba dado por la innovación y por el enriquecimiento mediante nuevos contactos y la introspección. Como una de sus fuentes de malestar era circunscribirse a la relación de sus padres (los dos habían muerto en menos de un año) y con el hábito de depender de las parejas para divertirse y sentirse acompañada, Elisa se dio cuenta de que con la pérdida de sus padres y de las parejas perdía no sólo a las personas y los vínculos, sino también todo lo que en ellas había depositado: apoyo, encuentro, compañía, solidaridad y diversión.

La estrategia habitual de Elisa para vincularse con el malestar era: trabajar más tiempo del necesario con el fin de evitar llegar a casa y sentirse miserablemente sola y aislada. Los fines de semana dormía y se dedicaba a ver televisión hasta quedarse dormida, con tal de que pronto llegara el lunes, para volver a atiborrarse de trabajo y no pensar.

En la medida en que fue capitalizando el cómo no se hace (la estrategia que la lleva al malestar), Elisa aprendió a buscar activamente en ella y en los demás la satisfacción de sus necesidades, por medio de su nuevo ritual, que consistía en lo siguiente:

- Ir al trabajo todos los días recorriendo rutas diferentes.
- Compartir con sus compañeros de trabajo los mediodías de los viernes llevando su comida y un poco más para brindarla a alguien en especial.
- Asistir regularmente a alguna actividad grupal semanal con la única idea de divertirse y conocer gente nueva y diferente.

Otro caso interesante fue el de Eduardo, quien entre las pautas del "cómo no se hace" descubrió que solía decir sí en vez de lo que realmente quería (decir no), para no contrariar a las personas. Debido a que su hábito de complacer a costa suya era muy arraigado, se propuso practicar el "no" una vez a la semana, en especial en la compra de quesos.

Eduardo había notado que cuando pedía unos 250 gramos de queso, los empleados solían excederse o faltarle algunos gramos y a veces muchos. Debido a que en el lugar había mucha gente y todos solían tener prisa, decidió que su "gimnasio" ideal para practicar el "no" sería el automercado en horas pico y con gente que presionaba.

Él tendría que pedir al empleado 250 gramos de un queso determinado y no aceptar 10 gramos más ni 10 gramos menos. Cuando el empleado le preguntara "¿está bien así?", su tarea o ejercicio ritualístico sería decir "no" y exigir el peso exacto. Su objetivo: aprender a decepcionar a los demás en sus intentos de presionarlo a apurarse y conformarse con lo que el empleado le ofrecía; en pocas palabras, aprender a quedar mal porque, Eduardo solía aceptar cualquier variación en el peso de lo que pedía, para no retrasar el despacho de quesos a las personas que esperaban su turno.

Rituales funerarios o de cierre definitivo

Los rituales son actividades que pueden servir para fortalecernos en momentos importantes, así como para hacer las transiciones, excluir o incluir nuevos elementos a nuestra vida y, finalmente, para cerrar nuestros ciclos. Por lo general, resulta útil cerrar nuestros ciclos con algún ritual en el que simbolicemos el duelo y la partida de lo que deseamos trascender, de manera que nos ayude a expresar y resolver el trauma.

Anteriormente y todavía hoy en algunas culturas, observamos la importancia de los ceremoniales. Leo Buscaglia, en su libro Vivir, *amar y aprender*, describe su asombro al viajar a la India y descubrir que, a pesar de la pobreza, el hambre, la sobrepoblación y los grandes conflictos entre sectas, religiones y etnias, su estadística de era mínima en comparación con el creciente número de suicidios en Estados Unidos.

Buscaglia descubrió, como por arte de magia, que los hindúes viven al descubierto las realidades máximas de la vida y la muerte. En este sentido, igual observaba un ritual funerario en el cual los amigos y familiares del difunto lavaban el cadáver en el río y luego lo incineraban, que presenciaba un parto en una choza llena de gente para celebrar la vida.

Todavía hoy, en el sur de Italia, los rituales fúnebres implican días de velatorio, oración, despedida del finado, oraciones, duelos, llantos, gritos, etcétera. En contraste, parece que la sociedad moderna desea evadir los acontecimientos ritualistas, en un intento por ahorrarse los duelos. Así, al morir una persona, se llama a una casa fúnebre, la cual se encarga de enterrarla sin la presencia de familiares y amigos, quienes se limitan a expresar por escrito sus condolencias.

La falta de rituales y de encuentro humano en las ceremonias parece aislarnos de los hechos significativos de la vida, al hacerlos triviales o superficiales. El amor y su expresión, la pérdida y su expresión parecen estar asociados cada vez más a duelos privados. Llorar en público, pedir ayuda, deprimirse, angustiarse y ser vulnerable se han convertido en el lenguaje de los perdedores, de los débiles. A su vez, estar bien, tener autoestima, sonreír y caminar erguido, no importa qué ocurra, se ha convertido en una meta social y personal, al tiempo que nos acerca cada vez más a la autodecepción por no lograrlo todo el tiempo ni en todas las circunstancias.

El éxito, ser "fuerte" y autosuficiente y racionalizar las emociones se han convertido en la moda que incrementa cada vez más la asistencia de los individuos a un consultorio médico o psiquiátrico, a desvincularnos de la intimidad, a distanciarnos de los débiles, a depender de los fuertes, a avergonzarnos de nosotros.

Por tanto, la culpa y el resentimiento van anidándose en nuestra alma, de tal modo que nuestro corazón se contrae y se hace piedra, de moler que nos lastima y hace sangrar por dentro y sonreír falsamente por fuera. Así es como llegamos a ver nuestra historia: como un pasado del que hay que desprendernos, borrarnos, anularnos r ignorarnos.

Mediante de los rituales podemos recuperar nuestra dignidad y facilitarnos el encuentro con lo importante y con los seres que son significativos.

Victoria, una hermosa joven de 24 años, acudió al consultorio de la autora para contarle que su relación de pareja era maravillosa desde hacía tres años y que pensaba casarse; sin embargo, la torturaba el recuerdo de una infidelidad cometida por su novio un año atrás. La torturaba no sólo la posibilidad de una repetición de la infidelidad, sino también la constante búsqueda de elementos que le garantizaran que para él lo más importante era ella.

Con la terapia, Victoria descubrió patrones familiares comunes a lo que vivía en su relación de pareja, comprendió su experiencia y entendió que la infidelidad podía servir a la relación no sólo como un punto de maduración y cambio, sino también como profundización de la relación. La pareja, finalmente, logró acercarse de manera más íntima y hacer aclaraciones sobre necesidades y expectativas, así como mejores acuerdos y compromisos. Sin embargo, al poco tiempo de una mejoría, la relación estaba cada vez más tensa. No importaba cuánto le repitiera su novio que la relación había sido accidental y que fue debida a una ruptura momentánea entre los dos, ni cuán arrepentido y fastidiado se mostrara, para Victoria las dudas seguían asaltándola:

—¿Qué necesitas para sentir que podrás superar la situación? —le preguntamos.

—¡Una venganza! –contestó, riendo sonrojada.

—¿Qué clase de venganza?

—Bueno, no puedo matar a la chica, ni castigarlo eternamente.

—Cierto. ¿Qué te dice tu fantasía?, ¿qué te gustaría hacer que sea factible? –añadimos.

—Creo que me encantaría pasearme con él frente a ella y que él le dijera: "Fulanita, ésta es mi novia y nos vamos a casar".

—¿Qué vas a hacer entonces, ahora qué sabes lo que necesitas?

Victoria reía con picardía y vergüenza. Luego de dudar de la cordura de su fantasía, acordó realizarla, a pesar de que creía que su novio no aceptaría la propuesta. Sin embargo, Victoria se llevaría la gran sorpresa. Su novio, con tal de detener el castigo sin fin, aceptó valientemente la "venganza". Luego de dos semanas, Victoria experimentaba un gran alivio y su novio también. De eso hace cuatro años y recientemente, al reconsiderar este caso, Victoria no ha vuelto a sentirse incómoda en su relación respecto a la infidelidad citada, su esposo dijo que el ritual había "exorcizado" definitivamente el fantasma de las recriminaciones.

Existen muchos rituales y ceremoniales en las referencias históricas, antropológicas, religiosas y mitológicas que pueden servir de inspiración para nuestros propósitos de cierre. Por ejemplo: escribir cartas y quemarlas, enterrar objetos, dejar partir elementos simbólicos en el mar o en un río y declarar la muerte de una situación en presencia de otros son algunas formas de ritualizar el cierre.

Los rituales paganos de la antigua Grecia y Roma, así como en la cultura celta, en los que se celebraban los ciclos de la naturaleza por medio de las ceremonias a determinados dioses, al igual que los rituales de las religiones tradicionales (cristianos, judíos, hindúes, etcétera), nos brindan la oportunidad de detenernos y darnos un tiempo para considerar los cierres o finales cíclicos que inexorablemente hemos de vivir. Asimismo, los ejercicios de meditación, confesión y exámenes retrospectivos y de conciencia constituyen medios fundamentales para no perder el contacto con nuestra esencia y quedar atrapados en las ilusiones y confusiones del mundo externo.

La importancia de la confesión y el perdón así como del encuentro con un chamán, un sacerdote, un terapeuta o un amigo íntimo y sabio nos ayudan muchas veces a considerar aspectos nuevos en relación con nuestra vida, liberándola de la carga inútil del "error" o el "pecado" y enriqueciéndola de nuevas perspectivas.

Ejercicios

1. Haga una lista de lugares, actividades, objetos y rituales que le sirvan para: alimentar, restaurar, escuchar, honrar, capitalizar tu pasado.
2. Fije en su agenda un tiempo para considerar y valorar su historia personal.

capítulo 5

Síntesis

Sea lo que fuere, lo que nos tocó vivir es un recurso que puede ser utilizado para enriquecernos, nutrirnos y servirnos de referencia con el fin de no cometer los mismos errores (o por lo menos suavizarlos), mejorar nuestra calidad de vida y sentirnos tanto acompañados por los recuerdos gratos como orgullosos de haber sobrevivido a las experiencias traumáticas, capitalizándolas para los demás o para nosotros.

A continuación, hacemos una síntesis a partir de algunos de los ejercicios más importantes:

Para replantear la relación (laboral, afectiva, de amigos, etcétera) o la situación (negocio, profesión, mudanza, salud, etcétera).

a. Cómo comenzó la relación: qué esperaba cada quien del otro, qué gustó o entusiasmo, qué temores teníamos, en qué contexto surgió y cuáles fueron las reglas del juego.

b. Cómo se desarrolló: momentos buenos, estrategias válidas de crecimiento, momentos difíciles, estrategias de solución, lo que sirvió y lo que se pensamos y sentimos.

c. Cómo se desgastó: qué decepcionó, que intentamos solucionar y no sirvió, que hirió o menguó la relación, qué sentimientos y pensamientos surgieron al visualizar el final de la relación.

d. Qué deseamos conservar, repetir o mantener (qué conductas, estrategias, sentimientos, actitudes y situaciones).

e. Qué deseamos cambiar, agregar o eliminar de la relación (de qué manera podemos contribuir al bienestar común).

f. Qué nuevos escenarios, proyectos y acuerdos planteamos.

Modelo comunicacional

En el momento de la crisis o estallido emocional suele ser muy difícil establecer una comunicación objetiva (si podemos ser totalmente objetivos), por lo cual debemos crear (no esperar) el momento y el contexto para plantear las molestias que pudieran suscitarse en las relaciones, en tal sentido, resulta útil tomar en cuenta lo siguiente:

a. *Describir los hechos en términos de conductas*, como si tratáramos de relatar lo que vivimos, hicimos, escuchamos y hablamos, por ejemplo: "Todos los fines de semana, usted tiene fiestas bailables, con música a todo volumen hasta las 6:00 a.m.".

b. *Expresar lo que interpretamos o se pensamos al respecto*, asumiendo responsablemente el "yo", por ejemplo: "Me parece que usted no tiene idea de que eso no deja dormir a mi familia".

c. *Expresar las emociones generadas*: "Esto me llena de ira, ya que al día siguiente todos estamos muy cansados para ir a trabajar y porque interrumpe y evita que podamos dormir".

d. *Explicar las consecuencias* en términos de conducta: "Esta situación nos altera la salud y nos provoca acudir a instancias legales, en vista de que ésta es la tercera vez que le reclamo el hecho, lo cual no me gustaría hacer porque considero que la relación de vecinos debe ser agradable", o: "Por eso evitamos saludar a usted y a su familia, lo cual nos incomoda porque consideramos importante tener buenas relaciones vecinales".

e. Plantear las decisiones, expectativas y necesidades o favorecer posibilidades: "Necesito descansar, al igual que mi familia, por lo que le agradezco que mantenga su equipo de música en un volumen medio y hasta las 12 de la noche.... Usted debería utilizar el salón de fiestas del edificio... Me gustaría invitarle, la próxima vez, a que baje a mi apartamento a las 2 de la madrugada para que experimente lo que le digo, pues estoy seguro de que comprenderá mi situación."

Este modelo comunicacional no necesariamente resulta infalible la primera vez, pero ayuda a mejorar y facilitar posibilidades en la comunicación y en la relación interpersonal. Por supuesto, con las personas no dispuestas a negociar porque consideran que son los únicos y más importantes seres vivos del planeta, lo mejor será utilizar estrategias más directas y menos contemplativas.

En los casos en que nos demos cuenta de que hemos errado, herido o faltado, es indispensable expresar digna y humildemente nuestra disposición a restaurar lo hecho. Lo más importante, quizás, sea el verbalizar la frase "reconozco que me equivoqué", o, "reconozco que te herí". Finalmente, al presentar las excusas o asumir responsablemente lo hecho, es necesario abrir el compás de la restauración: "qué tal si te invito a comer mañana", "dime qué puedo hacer para reparar mi falla", "estoy dispuesto a reparar mi error".

En caso de cierres definitivos

- Hacer una lista de los buenos recuerdos y de las experiencias agradables y nutritivas que se obtuvieron en la situación o relación que hemos de cerrar.
- Reflexionar cómo queremos recordar dicha situación o relación para que nos sea de provecho y bienestar.
- Tomar nuevas decisiones para no incurrir en los mismos errores.

- Conciliarnos con lo que no pudimos vivir y con lo que no puede continuar.
- Concentrarnos en los recursos que podemos utilizar y con los elementos con los que podemos contar.
- Realizar un ritual de despedida, sea del aspecto, situación o persona en cuestión.

En caso de cierre con algún aspecto de uno mismo

- Describir el aspecto con el que decidimos cerrar: actitud, conducta, y pauta de comportamiento, por ejemplo: "Quejarme, reiterativamente, de mi relación de pareja con una amiga en particular".
- Evidenciar los beneficios ocultos que nos llevó a utilizar dicho aspecto: "Sentirme apoyada, escuchada y no tener que enfrentar a mi pareja, o que tomar decisiones de cambio para modificar la situación de queja, con el fin de no correr el riesgo de separarme".
- Reconocer que las pautas inadecuadas surgieron para protegerme del cambio y la pérdida, con compasión y comprensión de mí misma.
- Elegir formas más adecuadas y sanas de obtener los mismos beneficios: pedir directamente apoyo y escucha, trabajar en mi autoestima y confianza, aprender a comunicar mis necesidades y expectativas, o plantear nuevas pautas para ser acordadas o solicitadas directamente a mi pareja.

Quizá una de las tareas más difíciles sea cerrar el capítulo con virtudes que no nos ayudan a seguir avanzando evolutivamente, por ejemplo: la obediencia, virtud tan preciada en algunas culturas muy tradicionales, puede convertirse en un mecanismo de estancamiento y resentimiento si obedecer una pauta se convierte en un conflicto interno capaz de enfermarnos y de hacernos tomar decisiones dolorosas.

A principios del siglo XIV, Margarita Porete, una maravillosa mujer mística y visionaria, escribía:

Virtudes, me despido de vosotras para siempre
Tendré el corazón más libre y más alegre,
Serviros es demasiado costoso, lo sé bien,
Puse en otro tiempo mi corazón en vosotras, sin reservas...
Era vuestra, lo sabéis, a vosotras por completo abandonada,
Era entonces vuestra sierva, ahora me he liberado...
Sufrí grandes tormentos mientras duró mi pena,
es maravilla que haya escapado con vida...
Nunca fui libre hasta que me desavecé de vosotras,
partí lejos de vuestros peligros y permanecí en paz.

Tuyo es el manantial
desde donde brotan
tus decisiones.
Tuya es la capacidad
de moldear
tu yo interno.

VIRGINIA SATIR

Bibliografía

Bucay, Jorge: *El camino del encuentro*, Edt. Océano de México, S.A. de C.V., México, 2002.

Covey, Stephen R.: *Los siete hábitos de la gente eficaz*. Ediciones Paidós Ibérica, S.A., Barcelona, 1989.

Fromm, Erick: *El arte de amar*, Edt. Paidós Ibérica, S.A., España, 1982.

Gibran Jalil Gibran: *El profeta*, Edit. Panapo, Caracas, 1986.

Halpern, Howard M. , Ph.D.: *How to break your addiction to a person*, McGraw-Hill, New York, 1982.

Moore, Thomas: *El cuidado del alma*, Edit. Urano, Barcelona, 1998.

O'Hanlon, Bill y Hudson, Patricia: *Rewriting Love Stories*, W.W. Norton & Company, New York, 1991.

O'Hanlon, Bill y Hudson, Pat: *Stop Blaming, Start Loving!*, W.W. Norton and Company, New York, 1996.

Riso, Walter: *Amar o depender*, Edt. Norma, S.A., Colombia, 1999

Satir, Virginia: *Vivir para crecer*. Edt. Pax México, México, 1996.

Stevens, John O.: *El darse cuenta*. Cuatro Vientos Editorial. 5ta. Edición, Santiago de Chile, 1981.

Esta obra se terminó de imprimir
en enero del 2005, en los Talleres de

IREMA, S.A. DE C.V.
Oculistas No. 43, Col. Sifón
09400. Iztapalapa, D.F.